ちゃんと投票する　上　ってどういうこと？

THE ETHICS OF VOTING

投票の倫理学

著者
ジェイソン・ブレナン

訳者
玉手 慎太郎　見崎 史拓　柴田 龍人　榊原 清玄

keiso shobo

THE ETHICS OF VOTING

by Jason Brennan

Japanese translation published by arrangement with
Princeton University Press through The English Agency (Japan) Ltd.

謝辞

ブラウン大学は、政治哲学をするにあたってダイナミックかつエキサイティングな場所である。哲学部のディヴィッド・エストランドとチャールズ・ラーモア、及び政治学部のジョン・トマーシ、コレイ・ブレットシュナイダー、シャロン・クラウスとの議論から、私は多くを得た。特にジョンは私がブラウン大に赴任する際に助けになってくれたので、私をここに連れてきてくれたこと、ここにいられることについて彼に感謝せねばならない。ジョンとディヴィッドは私の指導及び私がプロフェッショナルとしてやっていけるようになる手助けとして、多くのことをしてくれた。我々がホストをするという僥倖を得た素晴らしいポスドクの同僚との議論や意見交換、そして彼らによる批判からも大いに得るものがあった：サハール・アフクター、バーバラ・ブッキンクス、イヴォーネ・チュイ、マーク・コヤマ、エレーヌ・ランデモア、エミリー・ナコル、デニス・ラスムッセン、アンドリュー・ヴォルメート、ダニエル・ウィーワーズ。加えて、大学院生である、ショーン・アース、ダニエル・ベルントソン、デレク・ボウマン、ダナ・ハワード、ジェニファー・イクタ、ジェド・シルバースタイン、ティモシー・サイメ、ジョシュア・トロップは、この本を作る手助けをしてくれた。

マーク・グラディスとトーマス・ルイス、マーク、サッチマンにも感謝せねばならない。本書で提示した論点の一部を講演するよう招待してくれたことについて、ジェーナスフォーラム及び哲学学部生クラブの学部生たちにも感謝している。

私の同僚たちは寛大にも、本書の原稿のためのワークショップを開いてくれた。ワークショップでのコメンテーター——リチャード・アーネソン、ジュリア・ドライヴァー、ディヴィッド・エストランド——は、非常に価値のあるフィードバックをくれた。私は、ディヴィッドとジュリアの作品の長年のファンであり、彼らに私の原稿へのコメントや批判、そして励ましをもらえたことは、とても名誉なことであった。コーリーは会議をオーガナイズし、ディナ・エッジは運営面を請け負ってくれ、そしてコーリーとジョン、シャロンは、セッションの司会をしてくれた。彼らに対して、そしてまた参加してくれた全員に対して、感謝している。

ブライアン・カプランには、彼の著作『選挙の経済学——投票者はなぜ愚策を選ぶのか（The Myth of the Rational Voter）』について感謝している。集合的行為の論理と倫理に私は長いこと魅了されてきたが、もしカプランを読んでいなかったなら、この本を書くことは決してなかっただろう。

二〇〇八年と二〇〇九年の夏に私は、ジョージ・メイソン大学のヒューメーンスタディーズ研究所によって提供された「社会変革ワークショップ」の一部として、学際的な大学院生の大きなグループに、本書のアイデアの一部を講義する機会を得た。招待してくれたことについて、ジョナサン・フォーティアーに感謝している。

Bloggingheads. tv での哲学に関するトークショウである『フリー・ウィル』を主催しているウィ

ル・ウィトキンソンは、私の論文「投票の汚染」の公刊が決まったすぐ後に、道徳上義務となる棄権について、私と議論してくれた。ウィルとこのトピックについて議論していなかったなら、確実に私は本書を書いてなかっただろう。また『ガーディアン』と『ラジオ・ネーザーランド』のレポーターにも感謝する。

他にも数多くの人々が、下書きや先行する論文にコメントしたり、専門的なプレゼンテーションに対して質問したり、あるいは単にこれらの論点について議論したりすることを通じて、私を手助けしてくれた：ジュリア・アナス、ニーラ・バドフワー、ジェフリー・ブレナン、エリザベス・ブスチ、サム・クラーク、トム・クリスティアーノ、ロス・コルベット、リチャード・ダッガー、ライアン・デイヴィス、クリストファー・フレイマン、マイケル・ファーシュテイン、ジェリー・ガウス、ロバート・グッディン、ポール・ゴウダー、ロバート・グレッシス、アンドリュー・リスター、ローレン・ロマスキー、アーロン・マルタイス、スティーヴン・マロニー、サイモン・カブリア・メイ、クリスチャン・ロストボール、ベン・サンダース、ディヴィッド・シュミッツ、レベッカ・スタングル、カイル・スワン、クリスティン・スワントン、ケヴィン・ヴァリアー、マット・ズウォリンスキ、そしてアメリカ哲学会、アリゾナ大学、ニューイングランド政治学会、ミッドウエスト政治学会で話を聞いてくれた会員の皆さん。また担当編集者のロブ・テンピオにも、その関心と励ましに感謝している。ディヴィッド・シュミッツは、何年にもわたって素晴らしい指導教員であり続けてくれており、[1]彼にもまためいっぱい感謝しないといけない。ジョシュア・S・カーベリーも、たくさんの（おせっかいな）助言をくれたが、全て無視させてもらった。

最後に、優れた勤労倫理を持つとはどういうことかを私に示してくれた母と父、そして沢山の喜びを私にもたらしてくれたパートナーのラウレンと息子のアイデンに感謝したい。

本書のほとんどが書き下ろしだが、過去に公刊された論文に基づいている部分もある。第一章の一部は "Tuck on the Rationality of Voting," *Journal of Ethics and Social Philosophy* 3 (2009): 1-5. として公刊されている。第三章と第四章の一部は "Polluting the Polls: When Citizens Should Not Vote," *Australasian Journal of Philosophy* 87 (2009): 535-49. に基づいている。

訳注

〔1〕 ジョシュア・S・カーベリーは、ブラウン大学の伝統的なジョークである架空の教授である。

投票の倫理学——ちゃんと投票するってどういうこと?〔上巻〕

目次

【下巻】

凡例

一、本書は、Jason Brennan, *The Ethics of Voting*, Princeton, NJ: Princeton University Press, 2011 (paperback edition) の全訳である。
二、( ) は原文の括弧である。
三、[ ] は著者本人の補足である。
四、〔 〕は訳者による補足である。ただし、著者本人が〔 〕を使用している箇所は【 】を用いてその旨注記している。
五、原注については ( ) を、訳注については〔 〕を用いている。
六、強調を表す原文中のイタリック体は、傍点を付して示している。
七、既に翻訳があるものを引用する場合でも、新たに訳し直していることがある。

序論　倫理的問題としての投票

なぜ投票が問題となるのか

票を投じるとき、我々は統治をより良いものにすることも、より悪いものにすることもできる。ひるがえって、我々の票は人々の生活をより良いものにすることも、より悪いものにすることもできる。もし我々が投票において悪い選択をした場合、人種差別的であったり、性差別的であったり、同性愛嫌悪的であったりする法律がもたらされる。経済的な機会が消失したり、実現され損なったりする。我々は不正で不要な戦争を戦うことになる。我々は経済を刺激することも貧困を縮減することもほとんどないような、誤解に基づく景気刺激策や給付プログラムに多額の資金を費やす。よりうまく働くであろうプログラムに資金を投じ損ねる。いくつかの場面では規制しすぎ、また他の場面では規制が足りず、多くの規制は特別利益〔＝自己利益〕のための不公平な経済的アドバンテージを守るだけの効果しかないものとなる。我々は不正義に苦しめられ、そしてまた不正義を存続させる。貧しい人々を置き去りにしていく。インナー・シティ[1]をゲットー化するような麻薬戦争を行う。刑務所にあまりにたくさんの人々を放り込む。移民政策及び経済政策を、ゼノフォビアや時代遅れの経済理論の上にしつらえる。

投票は道徳的に重要である。投票は統治の質、射程、形態を変えてしまう。我々の票の投じ方によって、人々が助けられることもあれば傷付けられることもある。選挙結果は有害なものでも有益なものでもありうるし、正しいものでも不正なものでもありうる。選挙結果によってマイノリティがマジョリティの利益のために搾取されることもありうる。ほとんど誰にも利益がないまま広範な危害がもたらされることもありうる。それゆえ、本書において私は次のように論じる。我々は、自分たちがどのように投票を行うべきかに関して、いくつかの道徳的な義務を負っているのだ、と。投票は何であれ道徳的に受け入れられるものだということはないのである。

この本は投票の倫理を取り扱う。とりわけ、政治的な文脈における投票の倫理に関心がある（ＭＬＢのオールスターゲームや全米アイドルコンテストの投票についてではない）。この本の目的は、そもそも市民は投票すべきなのか、また投票することを選んだならばどのように投票すべきなのかといった疑問に、結論を下すことにある。投票の倫理という学問領域は、例えば以下のような問いを投げかける。市民は投票するべきなのか、それとも棄権を選択するべきなのか？　選挙の結果について無関心である人は、棄権すべきなのか？　市民が投票するとき、どのようにすべきか？　投票先を決定するにあたって、投票者は自らの宗教的信念を持ち出しても構わないか？　投票者は誠実に、つまりは自らが最善だと考える候補や立場に対して投票しなければならないのか？　最善の候補に投票するということは何を意味するのか？　とりわけ大事なこととして、投票者は自身の利益のみのために投票すべきなのか、それとも共通善（それが何であるにせよ）のために投票すべきなのか？　票を購入したり、売却したり、あるいは交換したりすることは果たして受け入れられることなのか？

〔これらの問いに加えて、〕政治哲学の観点から見て関連性を持つ、以下のようなトピックもある。政治参加を促進することに関して政府は何をすべきなのか？　どのような人々が投票する権利を持つべきなのか？　選挙はどのように構成され、どれくらいの頻度で実施されるべきなのか？　政府は投票者を教育するよう試みるべきなのか、またそうするべきだとすれば、どのようにすべきなのか？　政府は市民に投票するよう強制してもよいのか？　投票は秘密であるべきかそれとも公開されるべきか？　有益な問いはいくつもあるが、しかし私はここではこれらの問いに関心を向けない。この本はあくまで市民の義務についてのものであり、政府の義務についてではない。投票をめぐって政府が何をすべきかに結論を下すためには、また別の著作にじっくりと取り組むことが必要だろう。

投票は何と区別されるか？

道徳的な観点からすると、投票は、メニュー表から料理をオーダーすることと同じではない。あなたがレストランでサラダをオーダーするとき、その決定の結果を引き受けるのはただあなた一人である。他の誰も、我慢してサラダを食べなければならないということにはならない。もしあなたが悪い選択をなしたとしても、ともかくあなたが傷付けることになるのはただあなた自身である。多くの場合、あなたはあなたの決定のコストと便益の全てを自分のものとする。

投票は違う。我々は投票するとき、言うなれば、全ての人々に対して一つの食事を強いているのである[1]。もしあなたがディナーの皇帝——全ての人が毎晩のディナーに何を食べるかを決定しなければならない——に任命されたならば、あなたの決定が道徳的な重要性を有することは明白である。ディナーの皇帝として、あなたはあなたの決定のコストと便益のほとんどを外部化する〔＝他人に負わせる〕ことになるだろう。そこには多大な責任が伴う。糖尿病患者には糖分を過剰に摂取させない方が望ましいし、ヴィーガンに肉料理を食べさせたり、ムスリムに豚肉を食べさせたりもしない方が良い。あるいは、もし仮にあなたがそういったことをする場合には、適切な理由があった方が望ましい。

現在では、投票に際して、〔その結果を〕自分で決められる人はいない。誰の票であっても数えられるが、一票以上に数えられることはない。我々は選挙結果を共同で決定する。重要なのは我々がどのように投票するかであって、あなたがどのように投票するかではない。しかしながら、共同の活動に参加するにあたって人々がどのように行動すべきかを律するいくつかの道徳原理が存在する。たとえ、大規模な選挙においては個人の投票が選挙結果に重大な影響を及ぼすことはほぼ全くないとしても、個人が義務から解放されるわけではない、と私は論じる。どのように投票するのかについて、投票者一人ひとりが道徳的な義務を負っている。

もちろん、政府がなす善と悪の、その全てが我々の投票のあり方に起因するわけではない。我々の投票行動は政治的結果に影響を及ぼす多数のファクターのうちの一つにすぎない。堅牢かつ確実な民主主義的監視があっても、官僚たちの気まぐれや政治家の堕落のゆえに悪い政策が実施されることはありうる。私の目的にとって重要なことは、総合的に見れば、投票はやはり違いをもたらすものなのだということである。〔例えば、〕それぞれの政党は政策的な偏りを――すなわち特定の種類の政策を他のものよりも優先して実施する傾向性を――有している。投票者が特定の政策的な偏りを持つ政党のメンバーのために投票するとき、そのような〔当該政党が好む〕種類の政策が実施される見込みは非常に大きくなる。(2)

政治的結果を決定するファクターは投票以外にもある。このことが意味するのは、ただ投票者がより良い投票を行うようにすることのみによって全ての政治的問題を解決することはできない、ということである。要するに、より良い投票は〔あくまで〕より良い政府を導く傾向を有するものなのだ。

常識的見解に対する反論

投票は市民が統治の質に影響を及ぼすための第一の手段である。民主主義にとってこれ以上に象徴的な活動はない。投票を市民にとっての聖餐式と呼ぶ人もいる。多くの人々が、擬似宗教的な畏敬の念を持って民主主義に、とりわけ投票に参加する。(3)

このことが意味するのは、人々にはいつ・どのように投票すべきかについて確固とした意見を有している傾向がある、ということである。彼らは、投票の倫理をめぐる諸問題に対する答えは明白であると考える傾向にある。投票に対する自分たちの見解を、人々は神聖な教説として取り扱う。自分たちの見解が挑戦を受けることを人々は嫌う。

投票の倫理に関する、広く受け入れられた、一つの常識的見解が存在する。哲学研究者以外の人々は、私が投票倫理の素朴理論と呼ぶものに同意する傾向がある。

投票倫理の素朴理論

1. 市民一人ひとりに投票する市民的義務がある。(4)例外的な場合においては投票を免れることができるが、そうでない限りは、投票すべきである。
2. より良い候補者あるいはより悪い候補者が存在しうることは事実であるとしても、一般的には善意に基づくあらゆる投票が道徳的に受け入れられる。どんなに少なく見積もっても、投票するのは棄権するより良いことである。
3. 票を買ったり売ったりすることは本質的に間違っている。

もちろんこの、いわゆる常識的見解は、全ての人に共有されているというわけではない。満場一致というわけにはいかない。しかし、典型的なアメリカ人はこの素朴理論を支持している。

多くの人々がこの素朴理論を支持しているのだが、しかしその理由はそれぞれ異なる。上記の1〜3は自分たちがおおよそのところ根本的なものとして受け入れている道徳的諸原理を表現している、と考える人々もいる。また別の人々は、1〜3は全ての事情を勘案した上での結論であり、おそらくは特定の経験的考察に依存したものであると考えている。例えば、政治的な参加はそれ自体として正しいと考えるがゆえに第一のポイントを支持する人々がいる。〔これに対して〕また別の人々は、個人の投票は大きな違いをもたらすがゆえに投票すべきだと考える。

多くの哲学者及び政治理論家が、この素朴理論の何らかのバージョンを支持している。〔だが〕そうでない者もたくさんいる。(5) この素朴理論を拒否する哲学者たちの何人かは、何であれ投票に関する義務などというものを我々は負っていないと考えている。我々には投票する義務はないが、しかしもし投票するとなれば、自分たちが望むようにいかようにでも投票して構わないと彼らは考える。また別の哲学者たちは、我々にはただ単に投票する義務ではなくうまく投票する義務があると考えている。(6) この二つ目の立場を支持する哲学者たちは、うまく投票するとはどういう意味なのかをめぐって議論しているが、彼らはそこには善意に従うこと以上のものが含まれると考える傾向にある。市民は公共の利益に対して目を光らせておくべきであり、何が最善かについて他者に耳を傾け議論していくべきであり、そしてしっかりしたエビデンスに基づいて投票すべきだ、と彼らは考えがちである。

この本において私は、素朴理論だけでなく、その他にこうしたよく知られた哲学的立場にも反論する。代わりに私が擁護するのは以下のような主張である。

1．標準的には、市民に投票する義務はない。(7) しかしながら、もし市民が投票する場合には、彼らはうまく投票しなければならない。つまり、しっかりしたエビデンスに基づいて、共通善を促進するだろうと思われるものに投票しなければならない。自分たちが投票するにあたって依拠する理由が道徳的及び認識的に正当化されたものであることを、確かめなければならない。一般的にいえば、狭い自己利益よりも共通善のために投票しなければならない。うまく投票するための動機、知識、合理性、あるいは能力を欠いた市民は、投票を棄権すべきである。

2. 票を購入すること、売却すること、そして交換することは、そうすることが右のポイント1に記述された義務に違反しない限りにおいて、道徳的に許容される。票を購入したり、売却したり、交換したりすることが間違ったことであるとき、それらが間違ったこととなるのは、そうすることがポイント1に記述された義務の違反につながるからである。それらの義務が侵害されない限りにおいて、票を購入したり、売却したり、交換したりすることは間違ったことではない。

私の見解においては、市民は一般に投票する不変の義務を負ってはいない。彼らはもしそうしたいなら棄権することができる。しかしながら、彼らは投票について考える厳格な義務を負っている——すなわち、うまく投票するか、棄権するか、そのいずれかでなければならない。うまく投票することは困難なこととなりがちであるが、しかし投票に関する義務を免れることは容易である。なぜなら投票する代わりに棄権しても構わないからである[8]。

私が論じようとしているのは、投票者は何であれ共通善を促進すると彼らが信じるものに票を投じるべきだ、ということではない。そうではなく、投票者たちは共通善を促進すると彼らが正しい形で信じるものに票を投じるべきだ、と私は論じるつもりである。それゆえ、私の見解においては、もし投票者が、公共善を促進するだろうと自分が信じるところの候補者に投票するのだが、しかしこの投票者が自分の考えについて十分な基礎を持っていないという場合、この投票者は間違った行為をなしたことになる。良い意図を持ってはいたのかもしれないが、しかし間違った行為をなしたのである。これと類似の事例として、そうすることが風邪を治すと信じているために子どもに青酸カリを（青酸カリは毒であるという否定しがたいエビデンスがあるにもかかわらず）与える親のことを考えてほしい。この親は良い意図を持ってはおり、自分は我が子の利益を促進すると信じている。しかしこの信念は正当化されたものではなく、それゆえ彼女は間違いを犯してしまう。

投票倫理をめぐる私の立場は直観に反する含意を有している。市民の中には、投票について頭を悩ませることができない人たちがいる。彼らはむしろ家でテレビゲームをするだろう。私の見解においては、こういった不真面目な理由によって棄権することに、道徳的に間違ったことは何もない（このことが悪しき性格を示すものなのかどうかは、よりいっそう込み入った問題である）。

他方で、多数の政治的に行動的な市民たち――作家、アクティヴィスト、コミュニティのオーガナイザー、専門家、セレブといった人たち――は、世界をより良いものにしようとしているのであり、最善の意図に従って投票するだろう。彼らは共通善を促進するだろうと自分たちが信じるものに票を投じる。しかしながら、彼らの最善の意図にもかかわらず、私の見解においては、彼らの多くは投票するのにふさわしくない。彼らは政治に情熱を傾けているが、しかししばしば関連する事実について無知であったり誤解していたりするし、より悪いことに、端的に非合理的であることもある。共通善を促進しようと意図してはいるが、自分たちが支持する政策を正当化するのに十分なエビデンスを持っていないことがあまりに多い。彼らが投票する場合には、その投票によって民主主義は汚され、我々が悪しき政府によって苦しまなければならなくなる見込みがいっそう大きくなると、私は論じる。

投票する権利か、投票の正しさか？

ここまでの主張は何人かの人々を激怒させるだろう。これは部分的には、多くの人々が著しく非合理的であり、自分たちの政治的イデオロギーに感情的にはまりこんでいることに起因する(9)。また部分的には、人々が同じような基本的な哲学的誤りを犯していることに起因する。人々は以下の、二つの区別される問題について混同しがちなのである。

A. 投票する権利
B. 投票の正しさ

市民の中には投票すべきではない者もいる、と私は論じる。これは、その人々は投票する権利を持つべきではない、ということを含意しない。あなたは何かしらのことをする権利を持つが、しかしそれをなすべきではない、と論じることは完全に整合的である。投票する権利と投票の正しさは別のものである。ある人々から投票権を剝奪すべきだ、などとは私は論じていない。多くの投票者は誤った投票をなすだろうと私は考えているが、ある人々は投票するのを妨げられるべきだと論じるつもりはない。

人々はしばしば、もしXをなすことが道徳的に間違っているならば、人々がXすることを阻止することは道徳的に許容される、と推定してしまう。下手な投票者から投票権を剥奪すべきだとする以下の論証について考えてみよう。

〔前提〕1：政治について無知であったり非合理的であったりする場合には、人々が投票することは間違ったことである。

〔前提〕2：もし人々がXをすることが間違ったことであるならば、彼らは法律によって、Xすることを禁止されるべきである。

〔結論〕3：したがって、政治について無知で非合理的な人々は投票権を剥奪されるべきである。

この論証は、前提2が偽であるがゆえに、失敗している。あなたがある物事をなすことが間違ったことであるのだが、法律や他の人々はあなたがそうすることを認めるべきだ、というときもある。道徳的に間違った物事をなすことが、あなたの権利の中に含まれるときもあるのだ。

一般的に言って、もしあなたが何事かをなす権利を有しているとしても、あなたがそれをなすことが道徳的に正しいということが前提されているわけではない[10]。権利とは、権利を有する人がなすことはどこまで道徳的に許容されるかに関するものではない。そうではなく、むしろ権利を有する人に対して他の人々のなすことはどこまで道徳的に許容されるかに関するものだ[11]。もしある市民が投票する権利を有しているならば、このことは最小限、次のことを意味する。すなわち、投票することが許されるべきであること——つまりは誰も彼を制止したり彼から票を取り上げたりすべきではないということ——及び、彼の投じた票が集計に含められなければならないということである。このことは、投票するという彼の選択が良いことなのか悪いことなのか、賞賛に値することなのか非難に値することなのかについては、何も述べていない。

言論の自由の権利とのアナロジーについて考えてみよう。言論の自由への権利が意味するのは、最低でも、人々は特定の物事を述べたり書いたりすることに干渉されたり、そうすることのゆえに処罰されたりするべきではない、ということである[12]。ある人が思うとおりに何でも述べることが道徳的に正しい、ということを意味するわけではない。ネオナチのロッカーであるミヒャエル・レゲナーは、ユダヤ人への嫌悪を撒き散らす歌詞を書く権利を有している。そうすることを理由にドイツ政府が彼を刑務所に入れることは道義に反しており不正であるが、しかしそのようなレゲナーがそのような歌詞を書いたことは間違ったことであった。私は自由な交際についての政治的権利を有しており、ネオナチの集会に参加することができる。私がそこに参加することを妨げる社会はその限りにおいて不正である。しかし、私の参加は、たとえそうすることが私の権利のうちにあるとしても、間違ったことだろう。

それゆえ、個人は時として投票を棄権する義務があると述べるとき、私は、それゆえに彼らは投票する権利を持たないのだと述べているわけではない。もしある人が間違った投票をしようとしているとしても、そのことから自動的に、投票権を剥奪されるべきだということにはならないのだ。

平等な投票権を讃えて

投票する権利を有することは重要なことである。たとえその権利を行使することが常に重要なわけではないとしても。そのような権利のために人々が戦うだろうことは、理解できることである。ジョエル・ファインバーグは、権利とは一種の道徳的な装備品であると述べた[13]。それによってあなたは、対等な存在として立ち、他者をまっすぐに見ることができるようになる。権利を有することは、ある種の尊厳を有することである。『バーミングハム刑務所からの手紙』によれば、マーティン・ルーサー・キングが最も恐ろしいことだと考えたのが、この尊厳の欠如である。キングや〔女性参政権運動家の〕アリス・ポールといった人々は、黒人や女性のそれぞれに利用可能な物質的福祉及び機会を拡大するために尽力した。しかし彼らはまた、自分たちの平等な地位をめぐる尊重や公的承認も求めた。我々は、キングの時代から著しい道徳的進歩を達成した——たとえまだなされるべきことが膨大にあるとしても。女性や黒人の投票権を保護することなしには、この進歩を成し遂げることはできなかっただろう。

このことは確かだが、しかし私はそれを、我々が政治的な平等への自然権を有していることの自明の根拠とはみなさないし、また平等な投票権の象徴的な価値はそれを正当化するのに十分なものだとも考えていない。政治的な平等は〔単に自明とみなされるのではなく〕不平等よりも望ましいことを正当化されなければならないし、政治的平等は何によって正当化されるかといえば、部分的にはそれが

共通善を、他の種類の制度に比べてどれだけうまく促進するかということによってである。(14)

また私は、投票する権利が有する価値を過大評価したいというわけでもない。もしあなた以外の人々が投票権を私から、それも私だけから剝奪することに投票したならば、そのことは確かに私に一つのメッセージ〔＝お前を対等な存在として認めないというメッセージ〕を送ることになるだろう。他方で、私が、それも私だけが、投票する権利を保有するかそれとも五万ドルを取得するかの間で選択したのだと仮定しよう。この場合には、〔五万ドルはとても高額なので〕投票する権利の方を選ぶのは難しいと私は感じるだろうが、それは私がとりわけ実利主義的だからというわけではない〔＝否定されるようなことではない〕。ある権利をあなたに対して与えないでいる、あるいはあなたから取り上げることと、それをあなたが自発的に放棄することとは、別のことである。様々な権利があり、様々な人々に様々な価値を与える。私は生きていくにあたってものを書いたり哲学的に考えたりするので、言論の自由への権利はおそらく私にとって、平均的なビジネスマンよりも多くのことを意味するだろうし、平均的なビジネスマンはむしろ経済的権利の方をおそらくはいっそう気にするだろう。政治的に活動的な市民は、投票する権利について私よりももっと多くのことを気にかけるだろう。

この本は良い投票についての基準を明確化する。多くの人々がそのような基準に違反している。〔とすると、次のように考える人もいるかもしれない。〕もし道徳的な基準が存在するならば、我々はそれを強制すべきではないのだろうか？　もし下手な投票が有害でありうるなら、我々はそれを制止すべきではないのか？　なぜ投票前テストを――ある市民が投票して構わないかどうかを決めるための適性テストを――課さないのか？　あるいは、なぜイギリスが一九四九年までしていたように、教育を受けた人々に追加的な票を与えないのか？　後の章において私は、これらの論点に部分的に応答する。しかしながら、これらの疑問に答えることは概してこの本の射程を超えるものである。私が関心をいだいているのは、人々がどのように投票すべきなのかであり、政府が投票について何をすべきかではない[15]。

読者の中にはこの本を、貧しくて教育も受けていない人々に対するアッパーミドルクラスからの、あるいはアイヴィーリーグからの軽蔑の表現だとみなす者もいるだろう。それとは反対に、私は読者が次のことを（とりわけ第二章において）理解してくれることを望んでいる。すなわち、この本は市民の責任についての、通常ではありえないほど平等主義的でポピュリスティックな構想を表明しているのだということを。そしてまた、この本をテクノクラシーの擁護として――つまりは投票者の監視を逃れた専門家たちによって担われる強力な官僚制（例えば連邦準備制度のような）を生み出すことの擁護として――読みたくなる者もいるだろう。近年、主要な民主主義はどれもある程度までテクノクラティックである。これが良いことなのか悪いことなのかは研究に値する問いだが、この本はこの疑問については研究しないし、よって［この疑問に］答えを与えるものだと解釈しないでもらいたい。

最高だぜ、民主主義

私は民主主義を支持している。私は反民主主義者ではない。政治理論家の中には私よりもいっそう民主主義に熱狂していて、それゆえ私のことを反民主主義者とみなす者もいるだろう。誤解である。

私は民主主義のファンの一人である。最も熱心なファンではないかもしれないが。

　私は組織の価値についてある特定の見解をとっている[16]。私の見解においては、政治的組織はハンマーのようなものである。我々はそれを、第一には次のことによって判断する。すなわち、どれだけ機能的であるのか、つまりは、我々が平和と繁栄の中で一緒に暮らしていくのをどれだけうまく助けてくれるのかによってである。組織はほとんどの場合において、人間――それ自体が目的として価値を持つ――とは異なる。また絵画とも異なる。絵画はその美しさ、それを描いた人、あるいはそれが象徴しているものによって判断される。よりよく生きていくための我々の能力を妨害するような組織には、その組織が象徴しているものや、その組織を生み出した人の善良な意図とは関係なく、支持すべき理由をほとんど何も見出せない[17]。

　根本的に、民主主義は単なる意思決定の方法の一つである[18]。政治において、民主主義は、人々に対して、いつ、どのようにして、彼らがそうしたいとは望んでいないものごとをなすよう強要するのかを決定するための方法の一つである。政治的な民主主義は、いつ、どのようにして、どんなやり方で、政府は人々を暴力で脅すことになるのかを（直接にであれ間接にであれ）決定するための方法の一つである。民主主義の象徴は、単なる投票紙ではない――銃と結びついた投票紙である。

　民主主義が良いものであるのは、リベラルで立憲主義的な民主主義の政府が、実現可能な代替案〔=他の形態の政府〕よりもうまくやれるからである。リベラルで立憲主義的な民主主義の政府の下に暮らす人々は、以下のものを有している傾向がある。すなわち、代替的な別の体制の下に暮らす人々と比べての、より高い生活水準、より優れた教育レベル、より長い平均余命、文化や多様性に対するより高い接触機会やアクセス、より広く確認される幸福や人生の満足、いっそう大きなあらゆる種類の自由、そしていっそうの物的な豊かさである。人道主義的な観点からすれば、リベラルで立憲主義的な民主主義は、少なくとも我々がこれまで試してきた代替案と比べれば、明白な勝者である。

しかしまた、我々は民主主義に対するフェティシズムを避けるべきである。政治理論家の中には民主主義を非常に愛しているがゆえに、それは人生のほとんどあらゆる側面に行き渡るものなのだとみなしたがっている者もいる。彼らは民主主義を生き方として擁護する。彼らは毎週ミーティングを行う民主主義的な住民自治会、職場における民主主義、テレビ番組をめぐる民主主義を欲する。あらゆる場所において政治的熟議を欲するのである。彼らはこれら全てを、自分の人生に対するより大きなコントロールを人々に与え、彼らをいっそう自由にする方法だとみなしている。

民主主義は人々にコントロールを与え、そして彼らをいっそう自由にする方法かもしれないが、それは人間が今ある姿ではなかったとしたらの話である。現実の人間は、真理と正義を求めることにではなく意見の一致を求めることに縛られている。彼らは社会的なプレッシャーによって拘束されている。権威に対して過剰にへりくだる。単一の意見を前にして萎縮する。理性によって意見を変えることはそれほど多くなく、属していたいという欲望、感情的なアピール、そしてセックスアピールによってこそ意見を変える。我々はグループ内の緊密な協力行動に依存する社会的な霊長類として進化した。このことは、不運なことに我々を、部族主義や順応へと沈みこんでいくに任せてしまう。あまりに多く、またあまりに頻繁に民主主義は、我々の自律を奪うぞと脅すのである。(19)

一部の人々にとって、重度の政治参加は、彼らが充実した人生と考えているものを送るのに不可欠である。他の多くの人々にとって、活動的な政治参加は、彼らが送りたいと望む種類の生活を送ることを妨げるだろう。第一の種類の人が第二の人よりも本質的にいっそう高尚で洗練されているわけではない。

第一の陣営の中には、この本を反民主主義的なものとみなす人もいることだろう。おそらく、彼らは民主主義的すぎるのだ。民主主義は生き方ではないし、〔もし仮にそうであったとしても〕少なくとも我々全員にとってそうではない。民主主義はリーダーと政策を選ぶための方法の一つである。その要点は我々が自分自身の人生を送ることを助けることにあるのであって、我々の人生そのものになることにあるのではない。政府は舞台を設定すべきなのであって、登場人物となるべきではない。

現実の投票者はどれほどうまくやれているのか?

私の目標は、投票倫理をめぐる一つの理論のアウトラインを描くことにある。すなわち、私が欲しているのは、もし投票者たちがとにもかくにも投票すべきだとするなら、どのように投票すべきなのかを描き出すことである。これは規範的であり、また哲学的な問いである。これに関連する記述的で社会科学的な問いもある——投票者たちはいったいどのような行動をとっているのか?　これら二つの問いに対する答えを結び合わせることで、我々は第三の問いにも答えることができるようになるだろう——投票者たちは、うまくやれているのだろうか?

現実の投票者を評価するためには、投票者はどのように行動すべきかをめぐる規範的な理論を、彼らが実際にどのように行動しているのかをめぐる記述的な理論と結合させる必要がある。すなわち、以下のCを得るためには、AとBの両方が必要となる。

A. 規範的理論：投票者はXすべきである
B. 経験的説明：投票者は実際にはYしている
C. 現実の投票者の評価：投票者たちはうまく行動している／下手に行動している

この本における私の主たる目標はA、すなわち、投票者たちがどのように行動すべきかをめぐる規範理論を提供することにある。しかしながら、第七章においてはB、すなわち、投票者たちが実のところどのように行動しているのかを記述する社会科学的な証拠について議論する。これを踏まえて、私はCについて次のように結論する。すなわち、多くの投票者は実のところ下手に行動しているし、多くの非投票者はもし彼らが投票に向かったとしたら下手に行動するだろう、と。とはいえ、もし仮に投票者たちはしばしば間違った行動をとるという私の考えが間違っているとして、それは私の規範的な基準（A）が間違っているがゆえのことではなく、投票者たちの行動がいかに間違っているのかについての私の経験的な見解（B）のゆえのことかもしれない。

全ての投票者が平等なわけではない。彼らは平等な投票能力を有しているが、しかし〔投票を通じた〕彼らの貢献はその質において平等ではない。政府をより良くする傾向がある人々もいるし、より悪くする傾向がある人々もいる。

投票者の中には、候補者たちがどのようなことをしそうかについて、しっかりした情報を持っている者たちがいる。彼らは候補者たちがどんな政策を支持しているのか、また候補者たちが誠実かどうかを知っている。彼らは様々な政党のこれまでの実績や一般的傾向を知っている。他の投票者たちはこれらの物事について無知である。さらに別の人々は無知であるというよりも誤った情報を持っている。したがって、候補者たちに違いをもたらす一つの要因は、その知識にある。投票者たちは並外れて多くの知識を有する状態から完全に無知な状態までのグラデーションの上にあり、そして〔より現実に即した言い方をすれば〕十分な知識を有する状態から間違った情報を有する状態までのグラデーションの上にある。

一部の投票者たちは、政策への選好を形成するにあたって、諸々の組織や政策がどのように作用するかに関する社会科学的な――経済学、社会学、そして歴史から得られる――論拠について勉強している。彼らは自己批判的であり、自分たちの政策への選好の形成において、信頼できる推論の方法を用いる。彼らは対立している側の観点を積極的に採用し、また彼ら自身のバイアスを克服しようと努力する。他の市民たちは、何が彼らにとって感情的に魅力的なものと映るかに基づいて政策への選好を形成する。彼らは様々な経済学的あるいは社会学的な理論〔経済、政府、制度、及びそれらに類する機能についての理論〕を信じているが、その理由はそれらの理論が彼らのイデオロギーにとって快適であったり都合がよかったりするように思われるからであり、それらの理論を支持する論拠があるからではない。彼らは論拠を無視したり忌避したりし、反対の立場を悪魔化し、そして信頼できないプロセスを通じて自分たちの選好を形作る。彼らは自分たちの信念を抱くにあたって正しい方法を取ってはいない。政策への彼らの選好は偏見と、合理的でなかったり非合理的であったりする好みを反映している。それゆえ、候補者たちに違いをもたらすもう一つの要因は、彼らの合理性の程度にある。投票者の中には、慎重で合理的な者もいるが、非合理的な者もいる。何人かは明らかに愚かな信念を持っている。例えば、ニュージャージー州において二〇〇九年に実施された、有権者を対象とした世論調査においては、八パーセントの人々（民主党支持者の五パーセントと共和党支持者の一四パーセントを含む）がバラク・オバマは反キリスト者であると信じていたし、また一九パーセントの人々（左派リベラルだと自認する人々の四〇パーセントを含む）が、ジョージ・W・ブッシュ大統領は九・一一の攻撃に対する情報を事前に得ていたと信じていた[20]。

投票者の中には、確固とした道徳的価値に基づいて票を投じる者もいる。彼らは追及するに値する目標を追求するのであり、そしてそれらは追求する価値があると彼らが知っているものである。他の者たちは道徳的にみて軽蔑に値するような理由によって投票する。例えば二〇〇八年のアメリカ合衆国大統領選挙のことを考えてほしい。そこでは多くの投票者が、「テロリストに共感的な黒人のムスリム」であるという論拠によってオバマを拒否したのだった。そのような投票者は単に間違った情報を持っていたり非合理的であったりするのではない――彼らは偏見に染まっているのである。したがって、候補者たちに違いをもたらすまた別の要因は、彼らの道徳的態度である。

投票者の〔政治〕参加を拡大しようとするキャンペーンに関する一つの潜在的な問題は、それによって投票者の質の平均レベルを下げてしまうかもしれない、ということである。もちろん、ほとんどの場合において投票は一連の政策へと直接に変換されるわけではない。選挙キャンペーンの中で政治家たちは、〔もし当選したら〕特定の政策を成立させると約束するが、しかしそれらの政策の全てを成立させることは滅多にない。とはいえなお、我々が利用できる最善の社会科学的調査が示すところでは、政治家たちは一般に、人々が求めるものを与えようとする。[21]拡大した政治参加が意味するのは、分別に欠けていたり、効果がなかったり、あるいは非道徳的であったりする政策を、ほとんどの投票者が要求し始めるという事態かもしれない。場合によって持つことができたかもしれないものよりも質の低い政府に、我々が縛り付けられることを意味するのかもしれない。非合理的だったり、愚かだったり、非道徳的だったり、あるいは無知であったりする投票者の手に選挙を委ねることが意味するのは、市民が人種差別的または性差別的な法律、不要な戦争、諸々の機会を縮小及び質の低下、犯罪や環境汚染の水準の悪化、そしてより低い水準の福祉とともに生きていかなくてはならないという事態かもしれない。

ほとんどの活動――例えば航空機の操縦、外科手術の執刀、ギターの演奏、ダンス、哲学書の執筆、患者の看護など――は、適切にやりこなすためにスキルと訓練、そして実践を必要とする。いくつかの活動――例えばプロの医師やアスリートになることなど――は、並外れたスキルを必要とするのであり、ほとんどの人はどれだけ懸命に挑戦したとしてもそれを手に入れることはできないだろう。その他のもの――例えばトラック運転手になることなど――はほとんどの人の能力の範囲内にあるが、しかしうまくこなすためにはやはり訓練と実践が必要となる。投票がこのような標準〔的な物事のあり方〕に対する例外であると考える理由は明らかではない。投票することは簡単であるが――その場に行っていくつかのボックスにチェックを入れるだけだ――しかし、うまく投票することは簡単なことではない。

情報を取得するためのいくつかの方法

うまく投票するために必要な情報にはいくつかの種類がある。それぞれの政治家がどの政策を好みまた促進しそうであるかを知ることが一つである。しかしながら、それらの立場を評価するのに必要な社会科学的な関連知識を持つこともう一つ別の重要事である。最初の種類の情報は、二つ目のものと比べてより容易に取得できる。

一方は自由貿易を好むのに対し他方は保護主義を好んでいる（そしてそれ以外の点に違いはない）二人の候補者の間で選択するにあたっては、そのような好みの違いを知るだけでは十分ではない。それらの政策によってもたらされそうな結果についても知る必要があるだろう――例えば、どちらの政策パッケージが（つまり自由貿易化と保護主義のいずれが）福祉や経済的豊かさ、及び他の価値を促進する見込みが大きいのかを。

同様に、あなたの喘息に対して異なる治療法を提案している二人の医師のどちらかを選択しようとしている場面を想像してほしい。一人の医師はアルブテロールを、他方はモノキシジンを処方したいと思っている。それぞれがどの薬を好んでいるかを知っても、二人の医師のどちらを選ぶかの決定を下すのに十分な情報にはならない。どちらの医師がより信頼できるかを判断するためには、あなたはアルブテロールとモノキシジンについて何かしらの情報を得るか、あるいは何らかの確実な方法によって二人の医師資格を確認する必要があるだろう。さもなければ、あなたは選択を下せる立場にはない。

あなたが喘息に対しモノキシジンを処方しようとする医師に出会うことはまずないだろう（モノキシジンは高血圧の治療薬である）。しかし哀れなるかな、政治家たちは医師たちと同じくらいの確かさで優秀なわけではない。彼らが、欠陥があったり非生産的だったりする政策を擁護することは、もっとずっとありそうなことなのである。自分の好む政策が見込まれた結果をもたらすだろうと政治家たちが誠実に信じている場合でさえ――そして彼らがたいていの場合に誠実であることは疑いえないのだが――そのことは政治家たちが信頼できること、当てになることを意味しない。政治家たちは間違いを犯すし、しばしば誤っていて長く批判されてきた社会科学理論に囚われている[22]。そして彼らの資格を確認することは困難である。

全ての票を数え入れる

うまく機能している民主主義においては、全ての票を数え入れる。すなわち、全ての票を、正確にただ一度だけ数え入れる。これは一票一票が重要だということではない。むしろ逆である。個々の投票は選挙の結果あるいは統治の質に対して影響を与えるような道具的な価値をほとんど持たない。次の章において、これとは別の見解を示そうとする試みについてより詳細に見ていく。それらの試みは失敗に終わる。集合的に見れば、投票は重要事である。個人的に見れば、そうではない。

あなたの一票はさして重要ではないのだから、あなたは投票すべきではない、などと論じるつもりはない。個々の投票はさして重要ではないとしても、なお投票する理由はある――投票しない理由もある。経済学者の中には〔例えばマンカー・オルソンのように〕投票することは非合理的だと述べる者もいる。それは私のとる立場ではない。[23]

むしろ私がここでこの問題を取り上げるのは、それが私の論証にどのように影響を及ぼすのかを説明するためである。個々の投票が重要でないということが、私がこの本の結論を支持する議論を展開していくことをどれだけ容易にしてくれるかというと、私の観点からすれば、そこは中立的である。市民には投票する義務はない、と私は論じたいのであるから、個々の投票が重要でないということは、一見したところ〔私の議論にとって〕助けになる。ある人はある行為をなす義務を負っていない、と論じることは、その個人の行為が何ら重要な善をなすものではない場合にはいっそう容易になる。他方で、私は、人々がときには棄権する義務を負っていると主張するのであるから、個々の投票が重要でないということは私にとって問題である。人々は下手な投票をするべきではないと論じることは、個人の下手な投票が何ら重大な危害をもたらさない場合にはよりいっそう難しくなる。もし、事実とは異なり、個々の投票が大きな相違をもたらすものであったなら、下手な投票者は棄権すべきだと論じることは私にとってより容易になっただろうが、しかし聡明な市民にうまく投票する義務はない〔＝棄権しても構わない〕と論じるのはより難しくなっただろう。

正義と共通善

投票者は共通善に含まれると正当な形で信じるもののために投票すべきである、と私は論じる。後の章において私は、なぜ投票者たちは狭い意味での自己利益ではなくむしろ公共精神に基づいたやり方で投票すべきなのかを説明する。私はまた、共通善という概念について我々はいかなる意味でも持たせることができる〔それゆえこの概念は無内容である〕と考える懐疑論者に対して反論する。

それはそれとして、私は共通善の特定の構想について論じるつもりはない。私がここで提起する投票倫理の理論は、正義及び共通善の背景理論についてはかなり幅広いものと両立することを意図されている。「共通善」という言葉は、何であれ適切な政治哲学によって、満たされる価値があるとみなされるもの、という形で考えてもらってかまわない。投票者たちは、何であれ共通善であるところのものに資する、そのような物事に自分は投票していると、正当な形で信じているべきである。何が共通善を構成しているのかについての彼らの信念もまた、同じように正当化されなければならない。

もし私が共通善に対して立場を明確にしなかったとしても、本書が内容不足なものになるわけではない。何といっても、私は次のようないくつもの論争的な論点について論じるつもりなのである。

1. 市民は投票する市民的あるいは道徳的な義務を負ってはいない。
2. 市民は政治に参加することなしにも、社会に対する責務を果たしたり、市民としての徳性を発揮したりすることができる。

3．特定の資格（知識、合理性、及び知的な徳性など）を欠いた人々は、投票を棄権するべきである。

4．投票者は狭い自己利益のために投票すべきではない。

5．票を購入したり売却したりすることは認められうる。そうすることは本来的に間違ったことであるわけではない。

本書は投票行動についての一つの理論を提出することを意図したものであるが、投票行動は統治の目的についての様々な理論に対しては中立的なものであり、それゆえほとんどの箇所において私は共通善とは何であるかについてもどちらかといえば中立の立場をとり続ける。私は時として誤った投票の例を、特定の共通善の構想に依拠する形で用いるが、それらの構想は例示のためのものであって、ここで提出される理論の決定的な部分として受け取られるべきものではない。例えば、最初のパラグラフにおいて私は下手な投票によって同性愛嫌悪的な法律が生まれてしまうかもしれないと非難した。私は個人的に、同性婚の禁止といった同性愛嫌悪的な法律は、道徳的に間違っており正当化されないと考えている。私はこの考えをここでは擁護しないが、擁護することは容易だと考えている。しかし、そのことは投票倫理についての私の理論の構成要素ではない。投票者は同性愛嫌悪的な法律に投票すべきではないと私が主張するとき、この結論は以下の主張の組み合わせに起因している。（A）投票倫理に関する私の理論、（B）共通善についての一つの理論、そして（C）道徳的な認識論についての一つの理論（すなわち、どのような道徳的態度が正当化されうるのかについての一つの理論）。この本において私が論じようとしているのはAであり、BやCについてではない。

この先にあるもの

第一章では、我々には投票する義務があるのかどうかについて検討する。投票する義務を擁護するほとんどの論証は失敗しているということを私は示す。一方でまた、他のものよりも見込みがあるように思われる三つの論証のアウトラインを描く。私はそれら三つを、投票する義務を支持する最良の論証とみなす。

しかし第二章ではそれらの論証すらも失敗する理由を説明する。その際に私は、市民としての徳性及び社会に対する責務の履行に関する一つの新しい理論について説明する。私が示すのは、市民は投票しなくても、またそれだけでなく、しばしば政治に参加することさえなくても、市民としての徳を発揮したり社会に対する責務を果たしたりすることができる、ということである。それゆえ、第二章の終わりまでに、投票する義務は一切ないということを私ははっきり示せるものと考えている。

第三章から第五章までの関心は、市民は投票する際にどのように投票するべきか、ということにある。第三章で私は、市民は投票する際、知識に関する一定の基準を満たしていなければならず、さもなければ棄権すべきである、と論じる。市民は自らの支持する候補者あるいは政策が共通善を促進する見込みがあると、認識的に正当化された形で考えているのでなければならず、さもなければ決して投票すべきではない。第四章では、この論証に対する、投票の棄権は個人にとっての自律性の喪失を含むと論じる多様な反論を考察し、そして論駁する。棄権をめぐるその他の懸念についても検討し応答する。第五章では、市民は共通善を促進するようなやり方で投票するべきであり、共通善を犠牲にして自己利益を促進するようなやり方で投票するべきではないと論じる。

第六章では、票の購入と売却は道徳的に間違ったことなのかを精査する。票を売却することが第三章から第五章にかけて論じた諸々の義務の侵害に至ることのない限りで、投票の購入と売却は道徳的に許容されると私は論じる。票の購入と売却は、本来的に間違ったことであるわけではない。

最後に第七章では、〔投票の倫理に〕関連性を有するいくつかの社会科学の文献に目配せすることで議論を締めくくる。それらの文献を通じて、投票者及び市民は政治的な考えを持つにあたってしばしば無知で、非合理的で、いつでも同じような誤りを犯すということが示唆される。もしそれらの発見が正しいとすれば、多くの投票者は、第三章から第五章にかけて説明される適切な投票についての基準を侵害していることになる。

注

(1) エルスターは次のように述べている（Elster 1997, 10–11）。「市場という場において適切な種類の行動と、討論会場において適切な種類の行動との間の混乱」が存在する。「〔市場における〕消費者主権の概念が受け入れられるものとなるのは、消費者が自分自身に対してどのように影響を及ぼすかのみに違いをもたらすような一連の行動について選択をなすがゆえであり、そしてその限りにおいてである。しかしながら、政治的な選択状況において市民は、他の人々に対して異なる形で影響を及ぼすいくつかの国家体制について自身の選好を表明するよう求められている」。【〔 〕はブレナンによる】

(2) 政治的な帰結はまた中位投票者の政治的選好を反映するという傾向も有している。中位投票者定理について詳しくは

Mueller 2003, 243-46. を参照。この文献にはこの定理の経験的テストに関する概説も含まれている。「政治学のサプライサイド〔理論〕」及び、いかにして投票者の行動が政治的な帰結に影響を及ぼすのかについては、Caplan 2007 を参照。

(3) カプランはこれを「民主主義的原理主義」と呼んでいる(Caplan 2007, 166-81.)。

(4) 一九九〇年のアメリカ市民参加研究においては、調査回答者の七八パーセントが、市民としての義務を果たすことは投票する非常に重要な理由であると答え、一八パーセントが、いくぶんかは重要であると答えた。それは重要ではないと答えたのは、四パーセントの人々だけだった。八六パーセントの人々が、彼ら自身の役割分担を果たす方法として、投票することは非常に、あるいはいくぶんか重要であると答えた。以下のサイトを参照:https://www.icpsr.umich.edu/web/ICPSR/%20studies/06635

(5) なぜ何人かの政治理論家は良い投票についての基準を拒否するのかについて、一つの概観として Dovi 2007, 2 を参照。

(6) さらにまた別の立場もある。何人かのアナーキストの間で評判のものがそれである:投票することは間違ったことである、以上。例として Smith (1982a, 1982b, 1983) を参照。

(7) いくつかの国、例えばオーストラリアやベルギーでは、投票が強制されている。ただしより厳密にいえば、それらの国は市民に対して投票用紙を投じることを強制しているが、市民たちは投票用紙を白紙のままにしたり、〔無意味な内容を書いて〕台無しにしたりする自由を保持している。そのような法律が存在している場合、おそらく、市民の投票する義務は〔それ自体として道徳的に要請されているというよりもむしろ〕理に適った正しい国家の法に従う義務から引き出されたものである(あるいはそうではないのかもしれないが)。したがって私が、市民には投票する義務はない、と〔本文で〕主張するときには、投票するよう市民が法的に要請されていないことを前提としている。もし彼らが法的にそうすることを求められている場合には、投票倫理はいっそう複雑なものとなる。

(8) トーマス・クリスティアーノは以下のように述べている(Christiano 2006)。「自分たちの政治的な目的を達成するための最善の手段はどれかについての信念の適切さに関して、その穏当な水準でさえ市民たちはどうすれば満たすことができるのか、これを理解することは簡単なことではない。手段についての知識を得るためには、膨大な量の社会科学と、特定の事実についての知識がなければならない。一般的にいって、この種の知識を市民たちが保有するようにするためには、我々は社会内の分業を放棄しなければならないだろう。他方で市民たちは、自分たちの追求する価値と目標について考える、直接かつ日常的な経験を実際に有している。これによって彼らは最善の目標が何であるかに関する信念についての基準を満たす機会を与えられる。」クリスティアーノが提案しているのは民主主義のための分業である。人々は政府の活動の目標を選択し、専門家がそれらの目的をどうやって達成するかを決定する〔というように分業するわけである〕。私にはこの提案は、もし実現可能であるならば、魅力的なものに思える。

（9）政治をめぐる非合理性についての議論として、Schmidtz and Brennan 2010 の ch. 6 を参照。

（10）一般的にいって、Xをなす政治的な権利は、Xをすることが正しいということを含意しない。Waldron 1981 及び Melden 1959 を参照。

（11）近年の一つの興味深い議論として、Fabre 2006, 23-27 を参照。

（12）もちろん、何が言論の自由への権利に含まれるのかはそれ自体が複雑な問題であり、それについてここでうわべだけ取り繕って済ませるつもりはない。〔とはいえ〕次のことに注意を促しておくのが重要であるのは明白だろう。すなわち、言論の自由への権利は必ずしも、人がいっぱいの映画館の中で「火事だ！」と叫んだり、夜中の三時に他人のリビングルームで自らの政治的見解をまくし立てたり、殺してやると脅迫したりする権利を持つことを意味するものではない。

（13）Feinberg 1970.

（14）Estlund 2007, 20 及び Arneson 2003 を参照。

（15）実のところ、私がここで提起する投票倫理の理論は、民主主義が良い政府の形態であるという考えに導くものですらない。この本を読んで、投票する法的な権利を有していることを前提としたとき人々はどう行動すべきかを適切に記述している、と同意してくれるアナーキストもいるかもしれない。しかし彼はそれに続けて、投票する法的な権利を持つべき人は誰もいない（なぜなら民主主義国家も含めて全ての国家は不正であるから）とも主張するだろう。

（16）Schmidtz and Brennan 2010, 20 を参照。

（17）例えば、多くの人々が最低賃金を定める法律を支持していることは明らかだが、その理由は彼らが、その法律によって貧困状態にある人々の福祉が改善されるだろうと考えているからではなく、貧困状態にある人々への関心を表明したいからである。（経済学者でさえときにこの見解をとる。Klein and Dompe 2007 を参照。）私はこの立場は捻れたものであると考える。もしあなたが何らかの偉大な理想に対する関心を象徴する何かしらのものを生み出したいと考えるなら、彫像を立てるなり詩を書くなりすればよい。だが共通善を目減りさせてまでそうしてはならない。最低賃金も、それが狙いどおりに作用する限りにおいて支持せよ――もしそうでないなら支持してはならない（象徴的な政治に対する説得力ある批判として Pincione and Tesón 2006, ch. 5 を参照）。

（18）何人かの理論家は「民主主義」という言葉を価値の負荷のかかった意味で用いている。その場合、ある社会は正義に適ったものであり、特定のリベラルな権利にコミットしており、マジョリティの権力に制限を課し、多くの熟議と参加を認め、等々のものでない限りは現実に民主主義的であるとはみなされない。私はこの言葉をそのような形では用いない。私が「民主主義」という言葉を用いて言及するのは、例えばアメリカやイギリスの政府のように、標準的な一般人が民主主義だとみなすようなあらゆる政治的制度である。私の目的に照らせば、あるシステムは、究極的な政治的権力がその権力の支配下にある人々に属する限りにおいて民主主義的なものである。不正にまみれ、抑圧的で、非リベラルな民主主義も、私がこの本において用いる「民主主義」という言葉の意味において、民主主義とみなされる。

(19)　これらの主張の経験的な根拠について、Schmidtz and Brennan 2010を参照。

(20)　http://www.publicpolicypolling.com/pdf/PPP_Release_NJ_916.pdf（最終閲覧日二〇〇九年九月二二日）〔現在ではリンクは消失している〕

(21)　Caplan 2007, 166–181及びLess, Moretti and Butler 2004.

(22)　Davis and Figgins（2009）のp. 200にある、三〇〇人以上のプロの経済学者を対象とした調査は、ほとんどの経済学者が（イデオロギーの相違にもかかわらず）次のことに同意していると指摘する。すなわち、選挙で選ばれた公職者たちは、彼らが議会を通過させた政策が関連している経済問題について理解していない。質問を受けた経済学者のうちで、「アメリカの国会を通過し法律として署名された典型的な法案は、社会に対して総体としてプラスの社会的利益を生み出している」と考えている者はたった一〇パーセントにすぎない。

(23)　この本は投票の倫理に関するものであり、投票の（賢明な）合理性に関するものではないため、私は投票が合理的か非合理的かを確定するつもりはない。もし誰かが私に対して、投票は賢明で合理的なものなのかと尋ねるならば、ここでの私の簡潔な応答は、もしあなたが票を投じることを楽しんでいないならば、投票することは賢明なことではない、というものである。しかしながら、投票することが賢明かどうかについてほとんど気にかけないような人物であることは、一般的にいって賢明なことである。一つひとつの行為は非合理的であるかもしれないが、一つひとつの行為が合理的かどうかをほとんど気にかけないような人物であることは、合理的なことかもしれない。

訳注

［1］「インナー・シティ」は社会学の用語で、都市周縁部の低所得者層の居住エリアを指す。

第一章　投票の義務の擁護論

我々が作るものの中には、単に壊されるために作られるものもある。息子は生後十二カ月の頃、ブロックのタワーを倒すのが好きで、〔そのタワーは〕高ければ高いほどよかった。息子は建てるよりも崩す方が得意だったので、私が息子のためにタワーを建てた。建てる間に欠陥があることに気付いて、早々に息子にタワーを壊させることもあった。どれも結局のところは壊されることになっていたが、それでも私はできる限り高いタワーを作ろうとした。

本章で私が行うことも同様である。本章には、投票の義務を支持する論証を見つけるという建設的な目的がある。投票を支持する少数の良い論証を、本章の終わりに残すことが〔本章の〕目標である。途中には、いくつかの間違ったスタート地点がある。見込みのない論証もあるので、私はそれを早々に退ける。しかし、投票を支持する論証の中で本章の終わりまでに残った少数のものは、かなりしっかりしたものである。それでも、私はそれらの論証を第二章で破壊するためだけに建てたのであり、第二章で最終的には、現代の民主的な国民国家の市民には投票の義務がないと、結論付ける。

本章は、本書の中で最も専門的な部分である。投票を支持する重要な論証のうちいくつかを評価するためには、いくばくかの計算や特定の方程式に関する議論が必要となる。しかし、専門的な知識のない読者も理解できるよう書いたつもりである[1]。

投票する義務があると思われる場合

次のような状況を想像してほしい。全市民が投票しようとしている。我々は候補者PとQの間で選択できる。以下の条件の全てが成立している。

A. ある人々の集団が存在し、その集団に対して我々一人ひとりが慈善の強い義務を負っている。
B. 我々一人ひとりはまた、これらの同じ人々に対して、彼らが我々に投資してくれた資源と労力の全てについて、偶然にも借りがある。
C. 我々一人ひとりにとって、候補者PかQへ投票することが自分の借りを返すことになり、かつそれが借りを返す唯一の方法でもある。
D. PかQへの投票は、これらの人々に対する慈善の義務を我々が履行できる唯一の方法である。
E. 我々の一人ひとりがPかQに投票するなら、我々が慈善と互恵の義務を負う全ての人に莫大な利益がもたらされる。しかし同時にまた、Pへの投票はQへの投票よりもいっそう有益である。
F. 投票者一人ひとりが、他の投票者も自分と同じように投票するので、自身の投票が死票になったり覆されたりすることはないと知っている。

G．もし誰も投票しなかったら、みんなの人生が台無しになる。正義と自由は永遠に失われる。

H．結局、QではなくPに我々が投票すべきことは明白であり、全ての人がそれをわかっている。QではなくPが最善であると判断するのに何の努力も技能も必要ないし、誰一人として間違える可能性はない。また、投票しなければ災難に見舞われることを、全員が難なく理解している。

I．投票には機会コストがかからない。〔すなわち、〕投票したせいで、自身や他者にとって大きな価値のある他のことができなくなることはない。

これらの条件が現実の生活で実際に成り立つなら、我々の一人ひとりに、説得的で圧倒的な投票せざるをえない理由があることになる。

ある哲学者がこれらの条件が成立すると言い張ったとしよう。すなわち、ある哲学者が、私が「藁人形の論証（the Straw Man Argument）」と呼ぶ次のような論証をしたと想像してほしい。

藁人形の論証

1．条件AからIが成立する。

2．それゆえ、一人ひとりの市民が投票すべきである。

この論証が藁人形なのは、これらの条件の全てが成立するとは誰も主張していないからである。しかし、AからIの条件は、投票の義務を支持する人々が提示する考慮事項を誇張したものである。条件AからIが実際の条件の誇張であるという事実は、投票の義務の存在を論証する誰にとっても懸念すべきことである。結局、AからIの条件のうち成立するものが少なくなるほど、投票の義務があることを示すことはより困難になる。AからIの条件が成立しない場合には、投票の義務を支持する論証に不利に働くかもしれない競合的な考慮事項が見つけやすくなる。

藁人形の論証の問題点には以下のものが含まれる。

1. 一票にはこの論証が想定するほどの道具的価値はない。
2. 投票には何らかの機会コストがかかるため、人々は常に自身や他者にとって価値のある他のことをなしうる。〔投票の〕代わりに〔それ以外〕のことをすべきだとさえ言える場合もある。
3. PとQのような質の高い、そして違いが明瞭な候補者が投票者に提示されることはめったにない。選べる選択肢の中から正しく選択できる見込みはそれほど高くない。
4. 一人の投票者が棄権したからといって、道徳的な大惨事につながるわけではない。実際、たとえほとんどの市民が棄権しても、悪影響はありそうにない。
5. 候補者と政策の評価に必要な知識を得ることは、簡単でも無料でもない。それには時間と労力がかかる。この時間と労力は、他の価値ある活動、例えば共通善に資することもあるような他の活動に費やすことのできたものである。

6．慈善や互恵の義務といった、投票の義務の根拠となるかもしれない義務は、投票以外の他の方法でも履行できる。これらの義務を履行する数ある方法の一つが投票であることを示すのは難しくない。しかし、投票が〔義務の履行に〕不可欠の方法であること、あるいは特に優れた方法であることを示すのは困難である。

これらの論点を次の二章に渡って検討する。藁人形の論証を検討する目的は、それによって次のことが明らかになるからである。すなわち、投票の義務を擁護する人々の論証が失敗するのは、藁人形の論証が失敗する理由のどれか一つ、あるいはそれ以上が当てはまるからである、ということが。

一票の道具的価値からの論証

本節で私は次の論証を検討する。すなわち、我々が投票すべきなのは、一票には統治の質に対して期待される効果の点で大きな価値があるからである、という論証である。これらの論証が失敗するのは、統治の質への影響という観点では実際の一票の道具的価値は消え入るほどに小さいからである。

仮に事実に反して、一票に大きな道具的価値があったとしても、それで問題が解決するわけではない。投票の義務の支持者らは依然として、投票が自由な選択の対象あるいは超義務ではなく、義務であることを示さねばならないだろう。（ある行為が超義務である場合とは、それが道徳的に称賛に値するが、道徳的義務ではない場合である。）一票一票が大きな善をなすことを示してもまだ、そうした善をなすことが義務なのかという疑問は残る。投票は、慈しみに富む行いをするという義務を履行する数ある方法の一つにすぎないかもしれない。あるいは、投票は義務以上のものかもしれない。もし投票が超義務だとしたら、投票した人は称賛に値するが、投票しなかった人が非難に値することはないだろう。次章の私の論証が示すのは、たとえ一票に大きな道具的価値があったとしても投票は義務にならないということである。

一票と選挙の結果

投票に賛成する一般的な論証の一つが次のものである。

打算に基づく論証（The Prudence Argument）

1.〔他の〕全ての点が同じなら、あなたは自分自身の利益を促進するべきである。
2. あなたの一票は、正しく投じられたなら、あなた自身の利益を大きく促進する。
3. それゆえ、あなたは（正しく）投票すべきである。

投票の義務の擁護者は通常、自己利益からではなく市民的徳と公共精神への考慮に基づいて、論証を行う。ただ、あなたが声を上げない限り、政府はあなたの利益を顧みないということは、依然としてよく聞く話である。それゆえ、投票の倫理の素朴理論におけるあなたが投票すべき理由の一つは、あなたにとって好ましい選挙の結果を生み出すことに投票が寄与するからである。

この論証の別バージョンでは、一票は全員に大きな効用をもたらしうるとされる。

慈善に基づく論証（The Beneficence Argument）

1. 〔他の〕全ての点が同じなら、公共善にもたらす期待便益が大きい行動をとることができる場合にはそうすべきである。(1)
2. 正しく投票することは、公共善への大きな期待便益を有する。
3. それゆえ、あなたは正しく投票すべきである。

どちらの論証も、市民は棄権するのではなくて好きなように投票すべきである、ということを含意しないことに留意してほしい。むしろ、どちらの論証も示すのはせいぜい、市民は棄権ではなく特定の仕方で投票するべきだということである。悪い投票が棄権よりも悪いことかどうかは未解決のままである。

それにもかかわらず、これらの論証にはより根本的な欠陥がある。両論証における第二の前提は偽である。なぜなら、それらは、選挙の結果に対する効果という点での一票の道具的価値を過大評価しているからである。

一般的に、一票が選挙の結果への影響という点での道具的価値を持つのは、それが選挙結果を変える場合のみである。(2)すなわち、一票が効果を持つのは、その投票が決定的なものである場合のみである。選挙が終わった後に、一票が決定的だったかどうかを判断するのは簡単である。そしてもちろん、一票が決定的な場合とは、選挙が一投票によって決着する場合のみである。大規模な選挙において、このようなことはまず起こらない(3)。

しかし、これらの論証の失敗を証明するにはまだ至っていない。選挙の前の一票には、選挙の結果を変えるいくばくかの確率がある。この確率にその投票が投じた結果の期待値〔例えば、ある候補者が当選した際の統治から得られる便益の期待値〕を掛け算すれば、その結果への一票の効果という観点から、一票の期待効用が導かれる(4)。あなたが正しく投票すれば、あなた〔の投票〕が決定的なものになる確率が上がるにつれて、あなたの投票の期待効用も上昇する。あなたの投票が目論んだ結果の価値の正味量が上がるにつれて、あなたの投票の期待効用もまた上昇する。

この点に関してブライアン・バリーは、かつて次のように推測した。自分の一票が決定的なものになる確率がわずかだとしても、もたらされる結果が大きなものであればその期待効用は高いに違いない、と。彼は正しかっただろうか？　彼は我々に次のシナリオを考えてみてほしいとうながす。我々の支持する候補者が勝ったら今後五年でGNPが〇・二五パーセント追加で増加すると、我々は知っている(5)。より踏み込んだ想定をして、代わりに、正しい人が選出されたら、たった一年でGDPが〇・二五パーセント追加で成長するものとしよう。二〇〇六年のアメリカ合衆国のGDPは購買力平価で補正するとおよそ一三兆一三〇〇億ドルで、実質経済成長率は三・二パーセントだった。一三兆一三〇〇億ドルに対して三・二パーセントの成長率があれば、GDPは約四二〇〇億ドルとなる。三・四五パーセント（〇・二五パーセント高い）の成長率があればおよそ、四五三〇億ドルとなり、その差は三三〇億ドルである。私はより高い成長率をもたらす候補者に投票するつもりだとしよう。私の投票の期待値はどれくらいだろうか？

二人の候補者が争う選挙において、この問いの答えは二つの変数に依存する。一つ目が投票者の数であり、二つ目が候補者間の支持の割れ具合である[6]。投票者がたくさんいるほど、私の投票が決定的なものとなる見込みは下がる。支持する候補者について自分以外の投票者が均等に分かれておらず、片方の候補者がもう片方より優位にある場合を考えよう。この場合、片方の候補者が優位である度合いが――人々が片方の候補者をもう片方の候補者よりも支持する傾向の度合いが――優位な候補の得票率が過半数を占める見込みの度合いとなる。数学的に計算すると、一票が決定的なものとなる確率は、投票者の数が増えるにつれて徐々に下がっていくが、片方の得票率が過半数を占める見込みが少しでもあると予想されるときには、その確率は劇的に下がることがわかる。

一票に関するバリーの推測に戻って、私の支持する候補者（共通善に対して三三〇億ドル多い価値を有する）は、世論調査でわずかにリードしているとしよう。この候補者は（競争相手よりも）ほんの少しだけ多く得票し、過半数を獲得すると見込まれている。無作為抽出された投票者がこの人に投票する確率は、五〇・五パーセントである。この選挙は、我々が「接戦」と呼ぶだろう選挙である。投票者の数は二〇〇四年のアメリカ合衆国大統領選挙と同じ122,293,332人であるとしよう。私は、支持する候補者に投票する。

この事例で、より良い候補者に投じられた私の票の（共通善に対する）期待値は、$4.77 \times 10^{-2.650}$ドルである。つまり、ほぼゼロである。私個人にとってその候補者には三三〇億ドルの価値があるとしても、私の投票の私にとっての期待値は、繰り返しになるが、$4.77 \times 10^{-2.650}$ドルになるだろう。すなわち、一セントよりも二六四八桁小さい。それに比べて、メートル単位での原子核の大きさは、私の身長に対して一五桁小さい。観測可能な宇宙の半径に対するメートル単位での私の身長は、二六桁小さい。ポンド単位での太陽の重さに対する私の体重は、二八桁小さい。たとえ支持する候補者の価値が私にとって劇的に高かったとしても、例えば一千万億ドルだったとしても、さっきの接戦の選挙の例における私の投票の期待値は、一セントに対して数千桁分の小ささしかない(7)。候補者〔の間〕にかなりのリードがある選挙において、良い候補者に投じられた一票の期待値はほとんどゼロである(8)。

慈善に基づく論証は投票という個人的行為がもたらす公益に訴える。しかし、あなたの関心が、共通善への貢献を最大化することだけだと想定してみよう。もしそうなら、投票は無価値であるだけでなく、逆効果になるだろう。投票所までの運転の期待不効用（運転手が他者にもたらすかもしれない危害の観点からの）は、良い投票の期待効用よりも大きいとわかる。これは誇張ではない。

アーロン・エドリンとピナール・カラカ＝マンディックは、アメリカ合衆国におけるドライバー一人当たりの一年間の事故による外部性の期待値を推計した(9)。つまりこれは、平均的なドライバーが事故と無謀運転によって他者にもたらす損害の大きさである。事故の外部性の期待値は、交通密度の少ないノースダコタ州のわずかな一〇ドルから、交通密度の高いカリフォルニア州の一七二五ドル以上にまで幅がある。ノースダコタの住民が投票所まで車で五分かかるとしよう〔3〕。五分の運転における事故の外部性の期待値の平均は、ノースダコタでは、9.5×10^{-5}ドルであり、前掲の例における良い投票の期待便益よりもかなり高い。それゆえ、投票者は良い投票で埋め合わせる以上の期待値となる危害を、投票所への道のりで課している。

要点は、どんな大規模な選挙においても、選挙結果に影響を与える傾向という点では、一票の良さや悪さの期待値はごくわずかであるという点にある。正しい結果に莫大な価値があるときですら、その結果に対する一票の価値は無に近い。投票には集合的な価値があるとしても、個別的には価値がない。選挙の結果への影響という点で、我々がどのように投票するかは大切だが、我々の誰か一人がどのように投票するかは大切ではない[10]。

一票の期待効用を計算する最善の方法については論争があることに留意してほしい。上述の計算では、ジェフリー・ブレナンとローレン・ロマスキーの『民主主義と決定（*Democracy and Decision*）』の中の公式を用いた。ただ、一票の期待効用がどれだけ小さいものであるかについて論争があるとしても、期待効用がとても小さいということに関する論争はあまりない。一票に大きな値打ちはない。それゆえ、慈善に基づく論証と打算に基づく論証は失敗する。

民主主義の崩壊を防ぐ

アンソニー・ダウンズは、一票に大きな道具的価値がある別の理由を提案した。ダウンズは、投票する道徳的義務の存在を証明しようとしていたわけではないことに留意してほしい。彼はただ、投票が個人の利益に適うものかどうかを探求したかっただけである。ただ、彼の論証がもし正しいなら、投票の義務の存在を示す試みのためにその論証を改変することは容易かつ実り多いものとなるだろう。そして実際、投票の義務の擁護のために彼のものと同様の論証を用いる人は多い。

私はダウンズの論証を、「民主主義の維持に基づく論証（The Saving Democracy Argument）」と呼ぶことにする。上述で検討されたものと比べた際のこの論証の利点の一つは、我々を正しい目標へと連れて行ってくれる点である。すなわち、それが成功すれば、投票の仕方にさほど制約を課すことなく、棄権ではなく投票が正しいことである点を示すことになる。それゆえ、この論証が成功するなら、我々は投票の倫理の素朴理論に近づくことになる。

民主主義の維持に基づく論証

1. 安定した民主主義の政府は、共通善とそれぞれの市民個人の善の両方を大きく増進させる。
2. どのように投票するかにかかわらず、投票は安定した民主主義を維持する傾向にある。しかし、投票しないことは民主主義を掘り崩し、不安定化させるおそれがある。
3. 全ての点が同じなら、共通善と自身の利益を増進する行いをすべきである。
4. それゆえ、人は投票すべきである。(11)

もちろん前提2は強すぎる。一九三二年の選挙において、ドイツ人の多数は国民社会主義ドイツ労働者党（ナチス）かドイツ国民人民党（ナショナリストたち）に投票した。これによって両党が連立与党となった。これらの投票者は、およそ棄権者がなしうる以上に民主主義を掘り崩した。それゆえ、反民主主義的な政党への投票ができないと明記するように、前提2を修正すべきである。

前提2には二つの解釈がある。一つの解釈では、投票の要点は、民主主義が崩壊しないように投票の数を十分に多く保つ点にある。次のサブセクションで検討する第二の解釈では、投票の要点は、一票一票が社会の民主的な性質をわずかに向上させるという点にある。

前提2の第一の解釈に基づくと、もし誰も投票しなかったりごくわずかな人々だけが投票したりしたなら、民主主義政府は崩壊し、はるかに劣った政府体制に取って代わられるだろうということになる。民主主義が崩壊するのに必要な投票者の数の（おそらく未知の）決まった閾値が存在する。投票の要点は、この閾値に確実に到達することを助ける点にある。

ダウンズは我々に、投票をこの〔民主主義の〕崩壊に対するある種の保険として捉えるよう我々に求める。

全ての市民に共通することが一つある。それは、有効に機能する民主制の下にありたいという望みである。だが、もし投票にコストが存在するなら、短期的な合理性の追求［すなわち、投票の棄権］は民主主義の崩壊を引き起こすこともありうる。このような結果がいくら起こりそうにないといっても、それがあまりにも悲惨なので、どの市民も保険をかけるために少なくとも若干のコストを進んで負担する。その可能性が高ければ高いほど、市民はより多くのコストを負担しようとする。(12)

ダウンズは、民主主義を喪失することによる害悪を誇張しているかもしれない。安定して機能する民主制と、殺人的で全体主義的な政治体制や〔公金を横領する〕泥棒的な独裁制の間には、連続的なグラデーションがある。安定したまともな非民主的な社会に住むことは、安定した民主制の下で暮らすことよりも望ましくないことは多いが、これが必然的に災難というわけではないだろう。（カタール

〔に住むこと〕は災難だろうか？〕
しかし、論証のために次のことを仮定しよう。すなわち、全ての非民主主義〔体制〕は災難であると。これを受け入れたら、自己利益や公共の利益に基づいた投票する理由をもたらすのに十分な期待効用が私の一票にあることになるだろうか？　私の投票には「民主主義を維持する傾向がある」ということに意味はあるだろうか？　いや、ない。民主主義の維持に基づく論証は、一票の重要性を誇張している。[13]

私の投票が何をもたらすかについて、三つの可能性がある。第一に、私以外の十分な人数の市民たちが投票して、私が投票するかどうかに関係なく民主主義は維持される可能性がある。この場合、私の投票は余分である。第二に、ごくわずかな人数の市民しか投票しないために、私が投票するかどうかに関係なく民主主義は崩壊する可能性もある。この場合、私の投票は無駄である。第三に、私の投票が決定的に民主主義を守るかもしれない。あと一票少なければ、民主主義は崩壊する、ということもありうる。

さて、現実に目を向けてみれば、ほとんど常に第一の可能性が成立している。第三の可能性は、大規模な選挙で一度も起きたことがないし、おそらくこれから先も決して起きないだろう。いずれにせよ、第三の可能性は疑わしい。民主主義の存続がちょうど一つの票に依存するというのは奇妙である。[14]民主主義の保持に必要な何らかの投票者の数があるということは、もっともらしくない。投票率の低下が民主主義を〔何らかの道徳的に重要な意味で〕より非民主的にするのであれば、それは徐々に進む、という方がよりもっともらしい。〔「民主主義の維持に基づく論証」の第二の解釈を次節で扱うのはこれが理由である。）　しかし論証のために、それがどれくらいかわからないかもしれないが、こうした閾値があるということを想定しよう。[15]

一票が民主主義を守る可能性は低いという点を、ダウンズは認識していた。彼の述べるところでは、一票を投じることが良い取引であるのは、民主主義の喪失が災難だと考えているからである。基本的な考え方は次のものである。民主主義を守る低い可能性に民主主義を存続させる高い価値を掛け算すれば、投票の大きな期待効用が導き出される。これは正しいだろうか？

これを実際に計算するために、私以外にN人の潜在的投票者がいるとしよう。それぞれが、投票か棄権できる。それぞれの投票者が投票する確率をpとする。民主主義を守るにはちょうどT人の投票者が必要である。（Tは民主主義が守られる閾値である。）　もしそうなら、私の投票が決定的に民主主義を守る可能性は、T票よりも一つ少ない数の票が投じられる可能性である。M＝T－1と定義しよう。すなわち、Mは民主主義を守るのに必要な閾値のちょうど一つ下の投票数である。もしちょうどM票の投票が私の票以外に投じられたなら、私の投票は民主主義を守るだろう。M－1票やM＋1票（すなわち、T票やT－2票）の票が投じられたなら、私の投票は無駄か余分となる。それゆえ私の投票が民主主義を守るのは次の場合でありそれに限る。すなわち、私の票以外にちょうどM票が投じられた場合である。Mは、私の投票が決定的に民主主義を守るために、他の人たちが投じる必要のある魔法の投票数である。

ちょうどM票が投じられる確率は、式（1）によって与えられる（二項確率分布）：

(1)　$P(M人の投票者が投票する)=\frac{N!}{M!(N-M)!}(p^M)(1-p)^{N-M}$

ここで、

N＝他の潜在的な投票者の数

M＝民主主義を守るために必要な数より1少ない数

p＝潜在的な投票者が投票する確率

である。

投票率が三〇パーセント以下の場合にアメリカの民主主義が崩壊すると、寛大な想定をしよう。（私の見解では、この数字は高すぎる。）有権者の数は二〇〇八年の大統領選挙と同じ、231,299,589人だとしよう。もしそうなら、投票数が69,389,877票以下なら、アメリカの民主主義は崩壊するだろう。それゆえ私の投票が民主主義を守るのは、私以外の投票数がちょうど69,389,876票であった場合であり、その場合に限る。また、各有権者が投票する確率は、五六・八パーセントだとしよう。（これは二〇〇八年の大統領選挙の結果であり、それゆえ私はこれを潜在的な投票者の投票の確率の近似値として用いる。標本数が数億という点で、これは良い近似である。）

これらの寛大な想定に基づくと、私の投票が決定的に民主主義を守る確率はおよそ$3.3\times10^{-14,704,390}$である。[4] それゆえ、アメリカの民主主義に例えば九九〇垓ドルの価値があると想定しても、民主主義を守るという観点での私の投票の期待効用は消え入るほどに小さく、一セントに対して数億桁分の一の大きさしかない[16]。それゆえ、民主主義の崩壊を防ぐための保険の一形態としての投票は、時間の無駄である[17]。

もちろん、普通の、思慮深い人々は保険を買う。私は自動車保険に一年当たりおよそ一〇〇〇ドルを払うが、これは私の期待利得を超過する。このことによって自動車保険への加入は非合理なものとなるだろうか？　おそらくそうはならない。ほとんどの自動車保険会社は保険金の支払い額の期待値よりも大きな保険料を課して利益を得ている[18]。どんな個人も、生涯で受け取るであろう保険金よりも多くの保険料を支払うということを予期すべきである。しかし、私は自動車保険の契約でお金を節約することを意図しているわけではない。むしろ私は、破滅的な損失を被ることを避けたいと望んでいる――もし私がうっかり事故で誰かを殺してしまっても家を差し押さえられないように。この点はダウンズの論証に親和的なものかもしれない。なぜなら、ダウンズの提案は、民主主義の崩壊というありうる破滅を避けるために投票するというものだからである。しかし、車の保険はたった一ドルだが、その保険が破滅的な損失を防ぐ確率は $3.3\times10^{-14,704,390}$ だけだと想定しよう。もしそうなら、その保険を買うのはクレイジーだろう。乳児の息子のおむつを替えるときにはいつでも、およそ $3.3\times10^{-14,704,390}$ の確率で息子が量子トンネルを通っておむつ交換台を突き抜けて床に直撃する可能性があった。しかし、私はこの破滅的状況を防ぐための防護策を何も講じなかった。それほどありそうにない破滅的状況を、我々は単に無視する。

代わりに、民主主義を失うことは無限のコストに値すると論証しようとする人がいるかもしれない。

民主主義の喪失のコストが無限であり、どれだけ少ないとしても私の投票には民主主義を守るチャンスがあるなら、私は投票すべきである。次のように想定しよう。私が私の投票で民主主義を守る確率はたったの $1 \times 10^{-250,000,000}$ だが、民主主義を守ることには無限の価値がある。もしそうなら、このことは私の投票に無限の期待効用をもたらす。

しかし、この論証はやりすぎである。これが示すのは私が常に投票すべきであるということだけではない。民主主義を維持する可能性のある他のどんな活動も、それがどんなに小さい確率だとしても行うべきであるということも、この論証は含意してしまう。例えば、道端で会う見知らぬ人全員に私は「やあ！　民主主義を守ろう！　大事なことだからね！」と挨拶すべきであることも含意される。こうすることは民主主義を守るごくわずかな可能性を有している。しかし、民主主義に無限に価値があるなら、それぞれの挨拶の期待効用は無限に高いことになる。実際、民主主義に無限の価値があるか民主主義の喪失がもたらす損失が無限なら、それに匹敵するような他の無限に価値のある活動がない限り、私は常に民主主義を存続させるための活動に従事すべきであるということになる。(息子にご飯を食べさせることも、民主主義の存続の助けになる限りにおいてのみ、許されるようになるだろう。)

一票一票が民主主義を向上させる

さて、民主主義の維持に基づく論証の前提2をめぐる第一の解釈が失敗したので、第二の解釈へ向かおう。前者の解釈では、投票のポイントは、民主主義の存続のために十分な数の投票数を確保する点にあった。この解釈においては、閾値を超える投票の一つひとつが余分であり、それを下回る投票の一つひとつが無駄であった。第二の解釈では代わりに、一票一票が重なるごとに民主主義が民主的になり、それが投票の理由となるという論証がされる。論証のこのバージョンは、前のものよりもっともらしい。

明らかに、たくさんの人が投票すればするほど、社会はより民主的になる。だから何なのか？　選挙を毎日行うことでも社会はより民主的になる。[19]このことは何の役にも立たない。

論証のために、市民一人ひとりの利益を促進する統治の傾向という観点から見た政府の質は、投票者の数から直接的に定義される関数だとしよう。（これが成り立つという経験的な論拠はないか、あったとしてもごくわずかである。）すなわち、追加の投票の一つひとつは社会の福利や統治の質を多少向上させるとしよう。このことは、市民個人が投票すべきということを含意するだろうか？

この問いに答えるためにはまずは、投票者の数に対する統治の質はどのような種類の関数なのか尋ねなければいけない。一つの可能性は、統治の質は投票者の数に対する一次関数であるというものであり、図1に示されている。縦軸Qは統治の質、横軸Nは投票者の数を示す。QはNの一次関数であり、ここでは単に$Q=mN$と示される。（定数mは直線の傾きを示し、図1では簡単のために$m=1$とされている。）もし統治の質が投票者の数の一次関数だったなら、投票の積み重ねの一つひとつが他の投票と同じくらい良い。どれくらいの人が投票したかに関係なく、私の投票はその前に投票した人と同じくらいの善をなす。

それでもなお、投票がどれくらいの善をなすかを知る必要があるだろう。QはNのゆっくりと上昇する一次関数であるとしよう。すなわち、mがとても小さいと想定しよう。この事例において、一票一

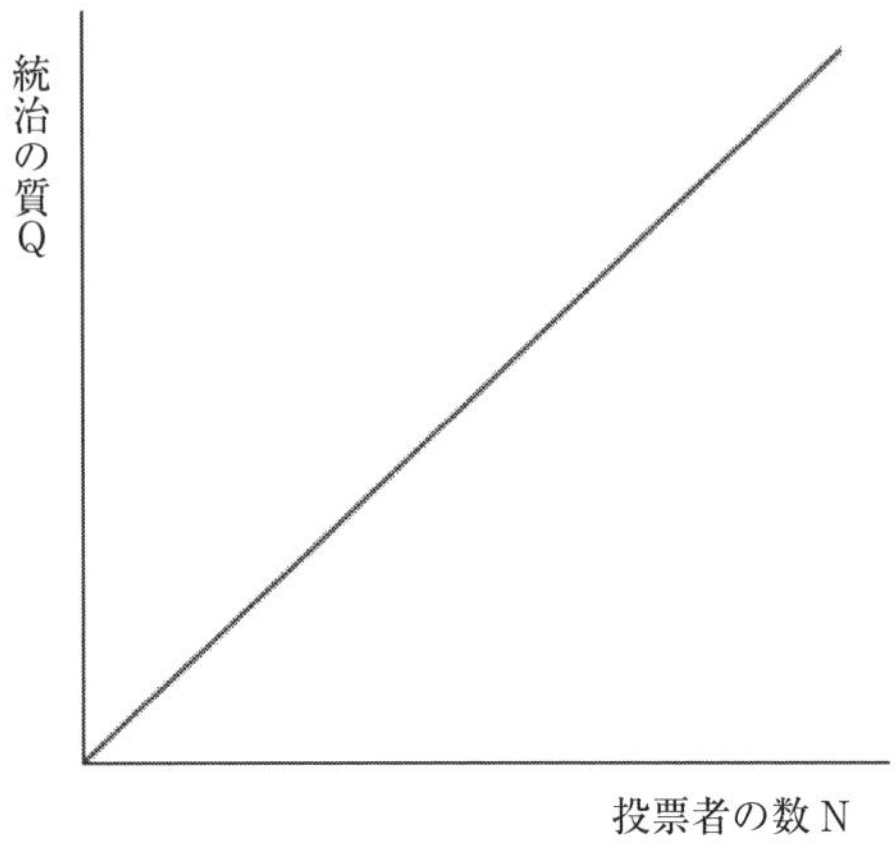

図1

票が他の票と同じくらいの善をなすけれども、それらがなす善はとても小さい。公共精神に富んだ潜在的な投票者には、投票よりも共通善によりよく寄与する方法があるかもしれない。もし一票に共通善にとって一ドルの価値があるなら、なぜ投票が道徳的義務なのか説明することは難しい。一方で、もし一票一票に共通善にとって一〇〇万ドルや一〇億ドルの価値があることを示せたなら、投票の道徳的義務のより良い擁護論があることになる。

　一票一票が統治の質を直接向上させるという寛大な想定をしたとしても、図1のような一次関数的にそうなると考える理由はない。経済学に通じた人はだれでも、ほとんど全ての投入物（と財）は、限界収益逓減の法則に直面することを知っている[20]。例えば、標準的な生産関数において、ある会社の生産量は、様々な生産要素の関数であり、ほとんど常に限界収益は逓減する。マクドナルドで働く最初の労働者は、第二第三の労働者よりも価値がある。実際、いくつか投入した時点で、生産要素の追加の一単位の投入は損となることが多い。例えば、何人

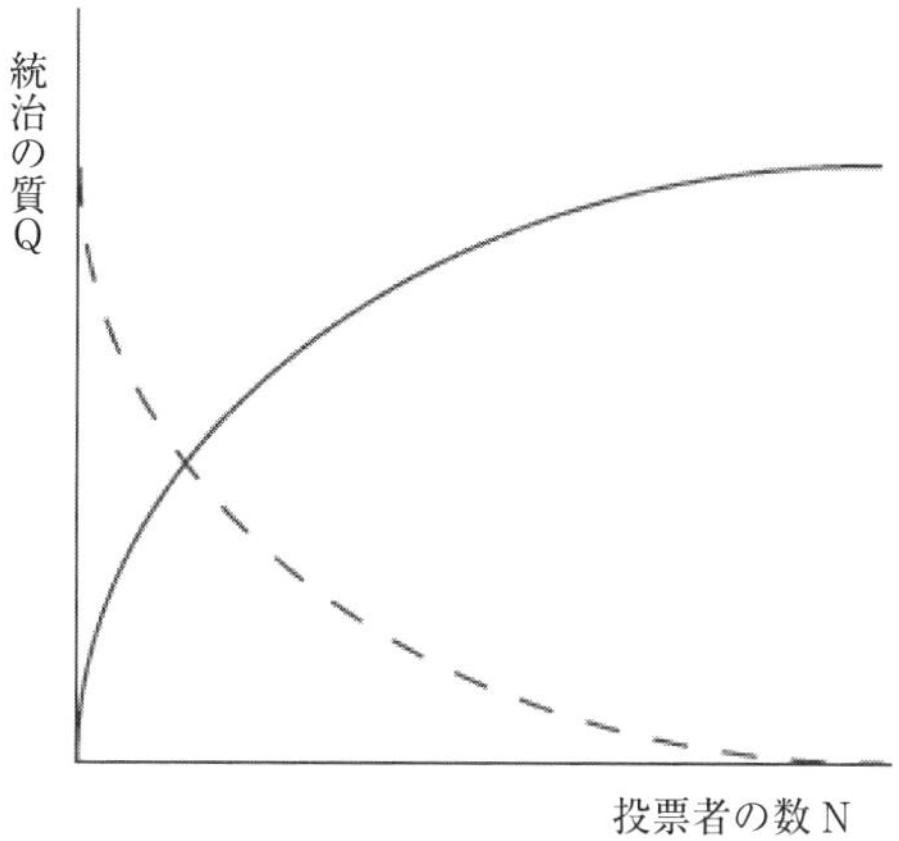

図2

か投入した時点で、マクドナルドに追加の労働者を投入することは、その労働者の価値以上のコストがかかることになる。(何人か投入した時点で、追加の労働者は接客ができないほどレストランを混雑させることになる。)

このバージョンの民主主義の維持に基づく論証において、統治の質とは事実上、投票者の数という単一の生産要素を持つ生産関数である。ほとんど全ての財と全ての生産要素で限界収益は逓減する。投票がこの法則の例外だとすれば、それは驚くべきことである。[21] これが例外という経験的な論拠がない以上、例外であると想定すべきではない。投票の限界利得が急速に限界収益を逓減させるという懸念をこのバージョンの民主主義の維持に基づく論証の擁護者が克服しようとすることは、ほとんどない。その理由の一部は、これまでにこの論証が精密な仕方で定式化されたことがほとんどなかったからである。

それゆえ、もし統治の質が投票者の数の関数ならば、図2の方が図1よりもっともらしい関数を表しているだろう。図2において、実線の曲線は投票者の数に対する統治の質を表す関数である。破線の曲線は、追加の一票の限界価値を示している。[22]

もし図1よりも図2の方が一票一票の積み重ねの価値をより正確に表すなら、これは直観に適ういくつかの結果をもたらす。投票者の数がとても少ないなら、このことは諸個人により多くの投票する理由をもたらす。なぜなら、彼らの票がより重要となるからである。ほとんど全員が投票するなら、諸個人が投票する理由はほとんどなくなる。結局、追加の一票一票が政府の質を高めるとしても、その上乗せは消え入るほどに小さい。そしてそれゆえ、諸個人は投票以外の何らかの手段を通して共通善によりよく貢献することがいつでもできる。[23]

このバージョンの民主主義の維持に基づく論証を成功させるためには、その支持者らは全ての投票が大きな善をなすという経験的な論拠を示す必要がある。有権者の全員ではなく一部さえが投票すればよいということが成立するような形で投票の価値が急速に減っていくことはないということを、彼らは示さないといけない。〔しかし〕彼らはそれをしていない。また、彼らが自身の論証の経験的前提を実証するには、高い質の政府と高い投票率との相関を示すだけでは不十分である。高い投票率が良い統治をもたらすということを示す必要がある。（私は、高い投票率が高い質の統治をもたらすことを示す経験的研究にはいまだめぐり合えていない。[24] しかし、高い質の統治が高い投票率をもたらすことを示唆する研究はある。[25]） 結局、この種の民主主義の維持に基づく論証をなす人々は、投票者数の上昇が有害なこともあるという経験的な論拠を示したブライアン・カプランのような人々に反論しないといけない。投票者の数の増加は常に統治の質を低下させるのではなく向上させるという、民主主義の維持に基づく論証の肩をもつ想定を、〔論拠なしに〕すべきでない。

このバージョンの民主主義の維持に基づく論証は成功しえない、ということを私は示したわけではない。むしろ、私が示したのは、それが支えを欠いた不適切な経験的主張に基づくので、それを受け入れる理由がないということである。この論証を展開する人々は、一票一票が統治の質を向上させるという中心的な前提が真であるという経験的な論拠を我々に示す責任を負う。彼らは、一票一票に大きな価値があるという論拠を我々に示さないといけない。彼らは我々の大部分ではなくて全員が投票することに意味があるという論拠を我々に示す責任がある。こうした論拠を彼らは示していない。こうした論拠のどれかがこれから先現れるということは、ありそうにもない。なぜならそうした経験的主張は、もっともらしくない〔＝真実である可能性が低い〕からである。

まとめ

一票には、選挙の結果への影響、及び民主制の崩壊を防ぐ能力という点では、少ない期待効用しかない。統治の質へのインパクトという点でも、特定の点を過ぎると、一票には低い期待効用しかない可能性が高い。もし投票の義務が存在するなら、その理由は、政府へのインパクトという点で一票に大きな道具的価値があるからという理由ではありえない(26)。

因果的責任

近著『ただ乗り（*Free Riding*）』においてリチャード・タックは、投票が合理的であることを示そうとする。[27] 私はここで、タックの試みが失敗していることを示す。タックは投票の義務の存在を示そうとしたわけではない。しかし、同書は大きな称賛を得ているので、数年のうちに誰かが彼の論証を用いて投票の義務の存在を示そうとしても不思議ではない。私はその試みに先手を打ちたい。それゆえ、投票の義務の存在を示すように改変できるか確認するために、投票が合理的であるという彼の論証を検討することには価値がある。

マンカー・オルソンは、一票の選挙の結果に対する因果的な力は全くかほとんどないから、投票は非合理的であると論証した。[28] タックが示そうとしたのは、一部の投票は因果的に有効（efficacious）であるからオルソンは間違っているということである。しかし、たとえ一部の投票が選挙結果に対して因果的に有効であることの証明にタックが成功するとしても、投票が道具的に合理的であるかどうかに関するオルソンの懸念の一部が掘り崩されるだけである。投票が因果的に有効であることを示すことは、投票が合理的であることを示すのに十分ではない。

一票の因果的な有効性

タックは次のように論証する。投票者一人ひとりは、選挙の結果を引き起こすことができる。彼らの投票がその結果を起こすのに必要でなかったときですら、そうである。なぜなら、彼らの投票は、「因果的に有効な投票の集合」に属するチャンスがあるからである――と。投票の因果的に有効な集合とは、選挙に勝つのに必要な投票の部分集合である。次のように想定しよう。一万人がAに投票し、三九九九人がBに投票する。もしそうなら、Aの勝利に必要な票数は四〇〇〇票である。他の六〇〇〇〇票は余分である。因果的に有効な投票の集合は、総計して四〇〇〇票である。これらの票が、選挙に勝った票である。ランダムな投票者が因果的に有効な投票の集合に属する確率は、四〇パーセントである。

タックは因果に関する二つの論争的な主張に依拠している。論証のためにこれらの主張が真であるとしよう。タックの第一の主張は、因果的に有効な集合の一部を構成する人は誰でも、その結果に対する何らかの種類の因果的責任を負うということである(29)。彼の第二の、より論争的な主張は次のものである。ＣがＥにとって必然的なものではない、すなわち、ＥがＣなしでも起こりえたとしよう。たとえそうだとしても、ＣがＥにとって最低限十分（minimally sufficient）だとすれば、ＣはＥの原因である。要因Ｃの集合がＥにとって最低限十分であるとは、（1）ＣがＥにとって十分であり、（2）Ｅにとって十分なＣの部分集合〔である集合Ｄ〕がないということである。より形式的に表すと、次のようになる。ＣがＥにとって最低限十分であるということは、$[(C \to E) \cdot \sim \exists D((D \subset C) \cdot (D \to E))]$となる場合であり、その場合に限る。所与のどんなＥも、Ｅにとって最低限十分な別々の要因の集合（$C_1, C_2, C_3 \ldots$）が数多く存在するかもしれないことには留意してほしい。

タックが論証するのは、選挙が接戦のとき、自分の一票が因果的に有効な集合に含まれる確率が高くなるということである。因果的に有効な集合というアイデアが意図するのは、投票者が選挙結果に何の因果関係もない票を投じて時間を浪費してしまうという一般的な心配を打ち消すことである。タックの観点では投票者は次のように自分に言い聞かせることができる。「他の票と組み合わせれば私の票は望ましい結果を生み出す助けになった確率が高い。四〇〇〇票を達成することが重要であり、他者もAに投票することを私が知っていることを所与とすれば、私にはAに投票する良い道具的理由があることになる。たとえ私の投票が必要でなかったとしても、である。」投票は、投票者が望む結果を生み出す有効な方法である。

（投票の合理性を示す）タックの論証がうまくいっているかを確認するためには、二種類の潜在的な投票者を検討する必要がある。タイプ1の潜在的投票者は、選挙の良い結果が生じることだけでなく、その選挙の結果に対して因果的に責任を負うことも望んでいる。タイプ2の潜在的投票者は、選挙の良い結果が生じることのみを気にする。タイプ2の人は、因果関係の主体になることに特別な価値を見出さない。私が論証するのは次のことである。タックが示すことができるのは、タイプ1の潜在的投票者が投票することが合理的なこともあるということだが、タイプ2の潜在的投票者が投票することが合理的であることを示すことはできない。

有効でありたいという欲求

私がタイプ1の潜在的投票者だとしよう。私は良い選挙結果が生じることだけでなく、その結果をもたらす助けになることも望む。タックが論証するのは、因果的に有効な集合に属する確率が高ければ、私が投票するのは合理的でありうるということである。

タックの主張では、選挙結果に対して因果的に有効でありたいという欲求を満たすのに投票が必要であるとされる。（この点ですら明白に真であるとはいえない。なぜなら、投票するように他者に促すことでも私は選挙結果を〔因果的に〕もたらすことができるからである。）彼の因果性の説明を我々が受け入れるなら、有効であるという欲求を満たすチャンスを投票がもたらすという彼の言い分は正しい。しかし、このことはまだ、投票が合理的であるということを示していない。有効でありたいと望む多くの人々は、投票しないことを合理的に選択するかもしれない。なぜなら、有効であることの価値をそうなる確率で割り引いた場合の価値は、他の実行可能な行為と比べて低いかもしれないからである。

タックは、投票が合理的かどうか見極めるのに、有効である確率のみを用いることはできない。何らかの行為Φが私の目標Gを達成する高い可能性を有している場合に、それによって私がΦすることの合理性が自動的に含意されるわけではない。その代わりに、Gの重要性や価値がどれくらいか知らないといけない。ΦすることでGを達成する確率が一〇〇パーセントだとしても、Gにそれほど価値がなく、代わりに達成できるより価値ある目標があるのであれば、Gを見送ることが合理的かもしれない。

それゆえ、因果的な有効性を気にかける人々にとっての投票の合理性を見極めるには、（A）自分の投票が因果的に有効となるだろう確率と（B）〔自分の投票が〕有効な集合に属することの価値の掛け算をしないといけない。すなわち、（1）のような式が導かれる。

（1）　$Ui = p(i \in K) \times Vi(i \in K)$

ここでは、

Ui＝投票の期待効用

$p(i \in K)$＝私の一票が因果的に有効な集合に属する確率
$Vi(i \in K)$＝私の一票が因果的に有効な集合に属することの効用

である。

この公式の問題の一つは、$Vi(i \in K)$がどのようなものか・どのようなものであるべきか決める明白な方法がないことである[30]。私の投票が因果的に有効な集合に属することにはどれくらいの価値があるのか？　これは人によって、つまりその人が個人的にはどれだけ有効であることを図らずも気にするようになるかによって異なるだろう。せいぜいタックの論証がここまで示したこととは、ある人がある時に投票することが合理的であるとすれば、それはその人が、因果的に有効であることを図らずも十分に気にかけている場合のことだ、ということである。

しかし、投票の合理性は機会コストに依存する。（これはタックが検討していない事柄である。）どんな人にとっても投票が合理的であるのは、その人の式（1）におけるUiが他の実行可能な行為の期待効用よりも高い場合だけである。因果的に有効であることの私にとっての価値は五〇ドルだとしよう。選挙の日に映画「ゴッドファーザー」三部作を見ることの私にとっての価値は四一ドルだとしよう。そして、私の投票が因果的に有効な集合に属する確率は八〇パーセント未満だとしよう。もしそうなら、投票の期待効用は映画鑑賞の期待効用よりも少ない。もしそうなら、たとえ私が因果的に有効な集合に属することを気にかけているとしても、私が投票することは非合理的である。それゆえ、タックが投票の合理性を示すことができるのは、（1）有効でありたいという欲求があるというだけでなく、（2）投票の時間に行いうる投票よりも良い事柄がない場合のみである。[31]

タックは合理的選択の誤った理論を唱えている

タイプ2の潜在的投票者は、因果的に有効でありたいという欲求を持たないが、どの選挙結果が生じるかについての選好は有している。タックは、特殊な状況以外でタイプ2の潜在的投票者が投票することが合理的であることを示せない。

もし人々に因果的に有効でありたいという欲求がないなら、式（1）では彼らがなぜ投票すべきかという理由を説明できない。それでもなお、タックは、人々に因果的な有効性に対する欲求がないときですら、多くの場合で投票は合理的であるということを証明したがっている。すなわち、私にとって $Vi(i \in K) = 0$ であるときですら、つまり私がタイプ2の潜在的投票者である場合ですら、私が投票することは合理的でありうるということを彼は示したがっている。私は候補者Aが当選することを望んでいるが、Aの当選に貢献することには何の価値も見出さないとしよう。タックは次のことを論証したがっている。私が投票することが合理的であるシンプルな理由とは、投票によって望む結果を生み出す大きな可能性があるからである。タックが言うには、投票するとき私は（毎回でないにせよ）、私が望む結果を生み出すに足る何かをする、十分高い可能性を有している。

タックは、合理的選択の一般的な諸理論の放棄や改変なしに、投票が合理的であることを示したがっている。投票の合理性についてオルソンが間違っているのは、オルソンが合理的選択の誤った理論を有しているのではなく、投票の因果的な有効性について間違っているからだと、タックは証明したがっている。[32] オルソンは出来事の原因がそれらの出来事にとって必要でないといけないと誤って想定していると、タックは述べる。対照的にタックは、原因は最低限十分なだけでないといけないということを証明したがっている。しかし、一票にタックが主張するような因果的な有効性があるとしても、このことは投票の合理性を証明しない。実際タックは、合理的選択の誤った理論を受け入れてしまっている。

タックは第二の種類の潜在的な投票者（結果が生じることを望むがそれを生み出すことに価値を見出さない人）に対して次のように述べる。すなわち、投票すべきなのは、投票で自分の目標を達成できるからであると。タックの考えでは、Φすることが望ましい結果をもたらすのに十分であれば、Φすることは合理的である。タックの主張では、（十分な人数の他者が投票するなら）投票によって望ましい結果を生み出すのに十分な何かをできるので、たとえ因果的に有効であることを気に掛けないとしても投票は合理的である。「道具的な行為のエッセンスとは、……ある目的を達成するための手段を行うこと、すなわち目標の原因となることである」とタックは述べる。[33]

これは合理的選択の説明としては不正確である。合理的な行為者には、自身の目的を達成するのに十分なことをする生き物というシンプルな定義はされない。タックは、ジェラルド・ガウスが「有効性としての合理性」と呼ぶ、合理的選択の問題含みの観点を支持しているように見える。

アルフの行為［Φ］が道具的に合理的であるのは次の場合であり、次の場合に限る。すなわち、Φすることがアルフにとって自身の欲求・目的・目標・嗜好Gを達成するのに有効な方法である

場合である。(34)

有効性としての合理性の問題は次の点にある。すなわち、Φが望ましい結果を生み出すのに十分だという単なる事実は、Φすることを合理的にしたり、Φしないことを非合理的にしたりするわけではないという点である。有効性としての合理性は、合理性の説明として過剰に限定的だし、過剰に許容的でもある。

それが限定的すぎるのは、ΦすることがGをもたらすという圧倒的な論拠があるとしても、Φすること〔でGをもたらすこと〕がたまたま失敗したら、Φすることは非合理的だったということを含意するからである。例えば、あなたに癌があるが、一ドルで九九・九九九九パーセントの確率で癌を治療する有効性のあるスーパーキュア・ミラクル薬剤を摂取したと想定しよう。百万回に一回だけの確率で薬が効かないということを知った上で、あなたは薬を摂取する。摂取後に、ああ！　悲しいかな、癌は治らなかった。百万人に一人の助からなかった不運な人があなたである。効果性としての合理性に従うと、これが意味するのは、あなたがスーパーキュアを摂取したことは非合理的である、ということである。だが、これはばかげている。スーパーキュアを摂取したことは合理的な選択だったが、全ての合理的な選択に見返りがあるわけではない。

効果性としての合理性は合理的選択の理論として過剰に許容的でもある。あなたはもっと金持ちになりたがっているとしよう。あなたは全財産の一〇万ドルを百万分の一回の確率で一ドル払い戻すギャンブルに賭けた。幸運なことに、あなたは勝って、一〇万ドルの代わりに一〇万一ドルを手に入れた。

効果性としての合理性が含意するのは、この賭けをするのが合理的だったということである。だが、明らかにそうではない。これは愚かな賭けだった。しかし、愚かな賭けでもたまには払い戻しがある。

それゆえ、タイプ2の潜在的投票者が投票することが合理的であるというタックの論証の問題の一つは、タック自身の意図とは異なり[35]、オルソンのものとは異なる合理性の理論に従っているように見える点にある。タックは、オルソンの因果性の理論を批判しながら、オルソンの合理的選択の理論には沿っていると、自分自身をとらえている。しかし実際には、タックは有効性としての合理性、つまりはオルソンも棄却するだろう不人気な合理的選択の理論を受け入れているように思われる。詰まるところ、〔投票する義務に対する〕オルソンの批判は、投票が因果的に有効でないという点だけでなく、投票のコストの期待値は期待利得よりも大きい[5]という点にある。オルソンは、ガウスの言う「道具的合理性」に近い合理的選択の理論を支持しているということが、最もありそうなことである。

> アルフの行為Φが道具的に合理的なのは、アルフがΦすることを選んだ理由が、Φが彼の目標・価値・目的などを達成するための最良の見込みをもたらすと彼が健全に信じているからである場合のみである[36]。

道具的合理性がよりもっともらしい合理的選択の理論であるのは、意思決定における機会コストを説明に組み込んでいるからである。合理的行為者は、自身の目的を確実なものとすることを望むだけでなく、自身の諸目的の間の経済性も望む。

タックの理論は棄権が投票と同じくらいかそれよりも良いことを含意するとはいえ、これはタックの論証の主要な問題点ではない。タイプ2の潜在的投票者はBではなくAが当選することを好むが、Aの当選をもたらすための助けになることには特別な価値を見出していないことを思い出してほしい。投票が合理的なのは他者の投票を所与にした際に望ましい結果を生み出すのに十分だからというタックの考えを、受け入れたとしよう。それによってこの第二の種類の投票者が棄権することが非合理的であるということを、タックは示したわけではない。この第二の種類の投票者にとって、他者がどう投票するかを所与とした際に、棄権も目標達成に十分である。他の投票者たちがどうするかということを所与にすると、Aに投票することとAに投票しないことの両方がAの当選に十分である。（自分の投票が決定的なものになるごくわずかな可能性があるから投票すべきであるなどと、タックが論証しようとしているわけではないことに留意してほしい。）それゆえタックの論証では、タイプ2の潜在的投票者は投票する理由を持つが、投票しない理由も同じくらいの強さで持つ。

実際のところ、これはタックを好意的に読みすぎている。アルフは一つだけの目標——Aの当選——を抱くとしよう。アルフが棄権することは非合理的でないものの、アルフが投票することは合理的であると、タックは示したのかもしれない。しかし、ボブは二つの目標——Aの当選とテレビの視聴——を抱くとしよう。こうすると、ボブが投票することは非合理的となる。投票と棄権の両方が、彼の第一の目標を実現するのに十分である。しかし、投票は第二の目標を達成するための時間を損なう。ボブは、テレビを視聴して投票を棄権することで、両方の目標を達成できる。ボブにとって、Aへの投票と棄権は同等に合理的であるわけではない。投票には機会コストがかかる。しかし、テレビの視聴には機会コストがかからない。それゆえ、もしボブが合理的選択に関するタックの理論に従って、彼の目標を達成するのに十分なことを何でもするとしたら、彼は棄権するだろう。棄権は彼の二つの目標を達成するのに十分だが、投票は違う。

それゆえ、タックの論証が含意する事柄は次のことである。タイプ2の潜在的投票者が投票することが合理的なのは、投票に機会コストが一切ないときである。それでもなお、この点が含意するのは、自分の望む結果のために投票することと棄権は、自分の望む結果をもたらすための同等に合理的な戦略だということである。(37)

まとめ

もしタックの因果性の理論を受け入れるなら、彼が示したのはせいぜい以下の限定的な条件の下で投票者は合理的でありうるということにすぎない。(1) 行為者はある選挙結果が起きることを望む。(2) 投票によって行為者の投票が因果的に有効となる確率が高い。(3) 行為者は、因果的に有効であることに対して大きな価値を置く。〔その価値の大きさとは、〕(4) 有効である確率によって割引されてもなお、その価値には、他の実行可能な選択肢のどんなものの期待効用よりも高いかそれと同じ期待効用があるくらいの大きさである。彼はまた、次のことも示した。投票が合理的であるのは、(5) たとえ有効であることに対して価値を置かないとしても、(6) 投票に全く機会コストがないという条件が満たされる場合のみである。そのときですら彼は、投票しないことが非合理的でないことを示せていない――棄権は投票と同じくらい好ましい。もちろん、投票には常に何らかの機会コストがあり、それゆえタックは、有効な投票をすることを気にかけない人々にとって投票が合理的であることを示していない。

投票する義務？

もし仮に誰かがタックの論証を用いて投票の義務の存在を示そうとするなら、その最も明白な方法は、何らかの結果を生み出す際に因果的に有効であることは道徳的に重要であると論証することである。時として、行為の要点は、何らかの望ましい結果が生じることだけでなくて、行為者がその結果の原因となることにもある。

ロバート・グッディンは次のように述べる。誰かを気にかけることが一般的に意味するのは、相手の人生がうまくいくことを望むだけではなくて、相手の人生がうまくいく助けにもなりたいと欲することも意味する。誰か他の人の福利を気にかけるけれど、自分の行為がその人の福利に何か変化をもたらすかどうか気にしないという考えには、何かおかしなところがある。(38)

この点は投票へと拡張できるだろうか？　Aへの投票は市民全体に大きな利益を与えるとしよう。Aが勝つ見込みが高いということも想定しよう。多くの人がBよりもAの方が良い候補者であるということを認識している。(選挙結果を生み出す)期待効用だけで自分の行為を評価するなら、私には投票する理由がない。しかし、市民は公共精神を有するべきであると、我々は論証するかもしれない。市民は単に良い選挙結果が生じることを望むだけでなくて、むしろ、それを起こそうとするべきである。

というわけで、〔次に〕行為者性に基づく論証（The Agency Argument）を検討しよう。〔それは以下のような論証である。〕

行為者性に基づく論証

1．（一人の市民である以上、）あなたは良い市民であるべきである。

2．良い市民であるためには、良い選挙結果が生じるだけでは十分ではない。それに加えて、その結果が生じることに自らの力を役立てるべきである。

3．それゆえ、あなたは投票すべきである。

前提1が真であることを論証のために前提としよう。前提2には問題がある。市民が選挙結果に対して自らの力を役立てるべきであると、我々が信じるべきなのはなぜだろうか？

良いことが起きるだけではなくて、私が起こすことが重要であることが明白な事例を検討しよう。育児に適用される行為者性に基づく論証の一バージョンを考えよう。

1．（一人の親である以上、）私は良い親であるべきである。

2．良い親であるためには、自分の子どもがよくケアされているだけでは十分ではない。その代わりに、子どもがよくケアされる状況を自ら作り出すか、あるいは作り出す要因の一部となるのでなければならない。

3．それゆえ、私は子どもをケアするか、さもなくば子どもに対するケアを〔自ら提供しないとしても何らかの形で〕手配するべきである。

自身の息子がケアされるように私がすべき理由は明白である。道徳的観点から見たその理由とは、私は息子にケアの義務を負っているからである。私には、彼がケアされることを確かなものとするという先だって存在する義務がある。おそらく、息子の福利に対して因果的に責任を十分負わない限り、この義務は履行されないだろう。例えば、もし私が息子を見捨てても、母親が私のいないところで素晴らしいケアを提供していたとしよう。この場合、私は父親としての義務の履行に失敗したことになるだろう。

育児の事例において、行為者性に基づく論証は、子どもに対するケアの義務が私にあることを証明するわけではない。むしろ、それはその義務を前提とする。前提2が真であるのは、結論3が真であるからにすぎない。親が子どもをケアすべきということの証明として行為者性に基づく論証を提供するなら、それは論点先取となる(39)。

それゆえ、行為者性に基づく論証を投票に適用する際には、論点先取の懸念がある。行為者性に基づく論証の前提2を再び検討しよう。

2．良い市民であるためには、良い選挙結果が生じるだけでは十分ではない。それに加えて、その結果が生じることに自らの力を役立てるべきである。

選挙の結果に対して因果的責任を持つという義務を負うであろう、ということの理由の最も良い説明は、私が投票の義務を持つということ〔を示すこと〕である。それゆえ、その説明は論点先取をしているように見える。

論点先取を避けるために、行為者性に基づく論証の別の定式化では、前提2をより広くできるかもしれない。

1. あなたは良い市民であるべきである。
2. あなたが良い市民であるためには、他の市民が十分な水準の福利を得て、理に適った公平な社会秩序の下で生きている、というだけでは十分ではない。むしろそれに加えて、他の市民がこういった十分な水準の福利等々を得ることに自らの力を役立てるような〔主体的な〕行為者であることが必要となる。
3. このことをなす〔つまり自らの力を他人のために役立てる主体的な行為者である〕ためには、あなたは投票しなければならない。
4. それゆえ、あなたは投票しないといけない。

このバージョンの行為者性に基づく論証は論点先取にならない。しかし、今や前提3に疑問が残る。

前提2——一人の市民としてあなたが他の市民に対して、十分な水準の福利などを享受できるようにする責務を負っているということ——を受け入れるとしても、これを果たすためになぜ投票しないといけないのかは明白でない。一見すると、前提2の記述する義務を履行するのに、投票は不必要であるように見える。投票以外の数多くの仕方で前提2の記述する義務を履行できる。それゆえ、せいぜいいいえるのは、この論証は不完全であるということである。前提3にたどり着くためには追加の論証が必要である。現時点では、行為者性に基づく論証の別の定式化が提供されたとしても、前提3の何らかの擁護がされない限り、結論を受け入れる理由はない。しかし、次章で私は、こうした擁護は提供されえないことを示す。前提3は偽である。それゆえ、今のところでは、行為者性に基づく論証はせいぜい投票の義務の存在を潜在的に示すものとみなすことができる〔程度にすぎない〕。しかし次章で私は、それが成功しないことを示す。

公共善・公共財に基づく論証

〔ローレン・〕ロマスキーと〔ジェフリー・〕ブレナンは、投票の義務の最も一般的な正当化は一般化論証（the Generalization Argument）であるという（彼らはこの論証を退けるのだが）。

全員が家にいて投票しなかったらどうなるだろうか？　これは悲惨な結果となる！　それゆえ、私（あなた／その人）は投票すべきである。[40]

この常識的な論証は、ある種カント的な推論を模索する。カントの道徳理論が主張するのは、（関連する類似した文脈において）全員がそのように行為するということを我々が首尾一貫して意志できる行為の計画のみに基づいて行為すべきであるということである。論証のために全員の棄権が悲惨なものだと想定しよう。そうすると、「私は投票しない」「大きな期待効用をもたらさない限り投票しない」という格率に基づいて全員が行為するということを、我々は合理的に意志できない。これは私が投票すべきことを意味するだろうか？　もちろん、カントの定言命法の最初の定式化を用いても、正しいやり方が何であるのかははっきりしない。それゆえ、この常識的な論証を良い論証へと展開していく適切な方法を探るのは、絶対に無理とはいわないが、難しいだろう。

誰も投票しないことは悪いことだろう。しかし、それは全員が投票すべきことを含意しない。ロマスキーとブレナンはパラレルな例を提示する。誰も農業をしないことは悪いことだが、全員が農業をすべきということが含意されるわけではない[41]。

多くの行為は道徳的観点からすると戦略的である。時には私のすべきことは、他者がすることに依存する。例えば、私には息子にご飯を与えるという道徳的義務がある。今のところ、私はその義務をスーパーマーケットで食べ物を買うことで履行する。この方法で私が自身の義務を履行できるのは、誰かが食べ物を育てて売りに出すということを当てにできるからにほかならない。もし誰も農業をしないなら、食料を得る他の方法を見つけることは、道徳的責務となるだろう。私は、大学教授としての仕事を辞して、狩り・採集・家庭菜園を学ぶ義務を息子に負うことになるだろう。しかし、私は他の人が農業をすることを信頼できる形で当てにできるので、自分自身で食べ物を生産する義務を負わずに済む。（食料の供給に私がただ乗りしているわけではないことに留意してほしい。私はそれを盗むわけではない。むしろ私は、私のサービスとの交換に現金を得て、現金との交換に食べ物を得ている。）

一方で、我々が公平な政治体制の下で生活しているとしよう。その体制は、道路のような公共財を提供する。あなたたちは納税する。私は次のように考える。「私の納税額は大したものではない。（納税しなくても）依然として道路は提供される。私の貢献分は大きくない。それゆえ、私は納税しない。」私が納税しなければ、私は公共財の提供にただ乗りしている。自分の公正な割り当て分を払わないのに道路を私が利用することは不公正である。同様に、（ロマスキーとブレナンのもう一つの例を用いると、）新たに整備された芝の上を歩かないようにする、という約束事を私以外の全員が守っているなら、私はその芝の上を、すぐに見て取れるような傷を付けずに、好きなように歩くことができるかもしれない。しかしそうすることによって、私は他者の節度ある振る舞いにただ乗りしている。我々の全員が新しい芝を享受する。しかし、（芝の上を歩き回らないという）私以外のみんなが負担しているコストを私が負わないことは不公正である。

「誰もそれをしなかったら？」ロマスキーとブレナンはこの問いに答えるにあたって、二種類の活動があると指摘する。いくつかの活動——例えば農家であることなど——に関しては、十分な数の人々がそれをすることが道徳的に重要であり、全員がそれをすることは重要ではない。（実際、全員が農家であるのは悪いことである。なぜなら、他の価値あることをする時間が奪われて、生活水準が下がるだろうからである。）公共財のために納税すること・ポイ捨てしないこと・芝に立ち入らないことのような他の活動は、特定の数の人々がそうすることだけではなくて、全員がそうすることが道徳的に重要である。この区別を手元に置いて、ロマスキーとブレナンは、投票の義務の擁護者に、投票が第一の種類の行為ではなく第二の種類の行為であるということを示すよう求める。

投票が第二の種類の行為であることをどうしたら示すことができるだろうか？　公共財のために納税するということと投票が道徳的に同じことだと示すことができたとしよう。良好に作用する民主主義は公共善・公共財（public goods）[6]である。(42)他の公共財と同様に少なくとも通常の状況下では、(43)その提供にただ乗りすることは不道徳である。この洞察は投票の公共善・公共財に基づく論証（The Public Goods Argument）をもたらす。(44)

公共善・公共財に基づく論証

1. 良い統治は公共善・公共財である。
2. 誰一人として、こうした善や財の提供にただ乗りするべきではない。これらの善や財から恩恵を受ける者は、その対価を支払うべきである。
3. 投票を棄権する市民は、良い統治の提供にただ乗りをしている。
4. したがって、市民の一人ひとりが投票すべきである。

ロマスキーとブレナンは、公共善・公共財に基づく論証は投票を誤解していると主張する。投票しないことは、(45)脱税というよりも、農家ではなく歯科医になることを選択するようなものであると、彼らは論じる。投票とは全員がすることが重要なのではなくて、十分な数の人々がすることが道徳的に重要であるような種類の行為であると、彼らは主張する。それゆえ、彼らは公共善・公共財に基づく論証の前提3を疑問に付す。彼らの主張によると、（哲学者として働く）私が（農家による）食料の提供にただ乗りしているわけではないのと同様に、非投票者は良い統治の提供にただ乗りしているわけではない。公共善・公共財に基づく論証はまさしくこの理由によって失敗するという点で私はロマスキーとブレナンに同意するものの、彼らの応答は不適切だと考える。それゆえ本節の残りでは、彼らの反論を説明し、公共善・公共財に基づく論証の側に立って応答する。次章で私は、前提3がなぜ失敗するかに関するより良い説明を提供する。

　他者が行う行為からあなたが利益を得たのにあなたは自分自身でそれをしない場合に、その行為にただ乗りしているかどうかはどうすればわかるのだろうか？　ロマスキーとブレナンは以下のように提案する。誰かが他者の行為にただ乗りしたことになるのは、次のときである。すなわち、その人はその行為から利益を得て、自分自身でその行為をせず、そうしなかったことがその行為を続ける人に無視できない負担を課すときである(46)。例えば、あなたは国防のために納税し、私がそうしない場合を考えよう。この場合、我々二人ともが国防を享受するものの、あなたは国防のための納税で境遇が悪化しているのに対して、私はそうなっていない。そして、多くの人が納税をやめればやめるほど、納税を続ける人の負担は大きくなる。対照的に、農家のジョンが農業をやめることは、残った農家に課される負担を通常は大きくしない。逆に、それは残った農家の利益となる。なぜなら、それは残った農家の間の競争を減らし、利益を多くするからである。

　ロマスキーとブレナンの論証では、投票しないことは脱税よりも農業をやめることにより似ているとされる。一人の投票者が棄権した場合、これは有権者の規模を小さくする。市民の間での競争を少なくするので、棄権は他の市民を傷付けるというよりも利益を与えると、ロマスキーとブレナンは結論付ける。私が投票しなかったら、あなたの投票の価値は上がる。私の棄権は、あなたの投票が決定的となり、あなたが望む結果がもたらされる可能性を上昇させる。

これが公共善・公共財に基づく論証に対する適切な応答かどうかは明らかではない。私が棄権したとしても、他の投票者の選挙における効果性を向上させることによって、必然的に私が他の投票者に埋め合わせをしたことになるわけではない。私に「繁栄党」に投票する傾向があるなら、棄権によって（ほんの）少しだけ「伝統党」が勝つ見込みを高めることになる。繁栄党の投票者は、個人としてより大きな力を持つことになる。しかし同時に、彼らの望みが叶うチャンスは増えたのではなくて、減ってしまった。個人としての彼らにはより多くの力があるが、集団としての力は少なくなった。そして彼らの成功は集団としての力に依存する。

もし投票の要点が良い統治を提供することであるべきなら（後の章で私はそうであると論証する）、私の棄権という選択が同胞市民に対する埋め合わせになるかどうかは、残った投票者の私に対する相対的な質に依存する。次のように想定しよう。チャールズは、活発な心を持ち、自己批判的で、哲学と社会科学の高度な教育を受けていて、時事に精通しており、狭い自己利益よりも公共の利益のために投票するとしよう。彼が投票しないと決めるなら、相対的に無知だったり、誤解に基づいていたり、不道徳だったり、非合理的だったりする人々が選挙の結果を決めることになる見込みが増える(47)。一方で、もし〔白人至上主義者として悪名高い〕ディヴィッド・デュークが棄権する場合には、それによって彼がもたらす他の投票者の一票の有効性の向上は喜ばしいことでありうる。要約すると、棄権の選択が（他者が決定的となる可能性を上昇させることによって）他者への埋め合わせになるのは、彼らが決定的になる確率の上昇が彼らの利益になる場合のみである。

棄権が自動的に他の投票者への埋め合わせになるというロマスキーとブレナンの主張を懸念すべきもう一つの理由がある。（例えば熟議民主主義者のような）投票の義務の存在を信じる多くの人々は、自分がどう投票するかについて全員が適切に良心的で・合理的で・情報に通じていないといけないとする。前回の選挙での投票者の大多数が適切に良心的で・合理的で・情報に通じていたとしよう。良心的で・合理的で・政治の情報に通じていることにはたくさんの時間と労力の投資がいることに、ロマスキーとブレナンは同意する。もし私が棄権すれば、他の良い投票者が決定的となる確率は上がる。しかし、彼らは良い投票者となるために、たくさんのコストを引きうけないといけなかった。多くの哲学者は、私が棄権することで他者の提供する良い統治にただ乗りしているという〔風にみなす〕ことはもっともであると考えるだろう。私の棄権は投票者らが良い統治を提供することを容易にする（なぜなら私が悪い投票をする恐れを除去するから）が、良い統治を提供する際に私が自分の役割を果たしていないことは不公正であると投票者らは不平を述べるかもしれない。彼らの一票の期待効用を上昇させることのみによって、彼らの労力と時間の投資に対する埋め合わせをしたことになるかは明らかではない。もちろん、この論証が通用するのは、実際の投票者が良心的で・情報に通じていて・合理的である限りにおいてである。それゆえ、ロマスキーとブレナンは次のように主張しうるかもしれない。もし他の人が悪い投票をしているなら、公共善・公共財に基づく論証は、あなたの投票の義務の存在を証明できない。しかし、ロマスキーとブレナンは、他者が良い投票をしている場合、同様の良い投票をする義務を負わないということを示していない。我々の全員が良い統治から利益を得る。しかし、良い投票者はそれを提供する際にコストを被る。一方で私はそれを無料で手に入れている（ように見える）。

ロマスキーとブレナンは依然として、公共善・公共財に基づく論証を打ち負かすに至っていない。次章で私は次のことを示して、公共善・公共財に基づく論証に異議をとなえる。すなわち、良い統治を直接提供しなくても、市民は良い統治の提供へのただ乗りを避けることができると。

徳からの論証

前節は、我々がお互いに・我々自身に負う責任に関する論証を含むものだった。本節は、徳があることや価値ある人生を送るためには何が必要かということを頼みにする論証を検討する。投票の義務を支持したり、投票をしないことは少なくとも性格の欠陥を示すと論証したりする一つの方法は、徳倫理学から導かれる。次の単純な市民的徳に基づく論証（the simple Civic Virture Argument）を検討しよう。

市民的徳に基づく論証

1. 市民的徳は道徳的な徳である。

2. 市民的徳は投票を必須とする。
3. それゆえ、投票しない市民はそのことによって市民的徳の欠如を露呈しており、そしてそのことに応じて道徳的に非難されるべきである。

前提1と2は広く共有されている。いずれも常識的なものだろう。そしてそれゆえ我々は、棄権が道徳の標準を下回る行為であるということを示す迅速かつ簡潔な論証を有するに至ったように見える。

この論証は、少なくとも提示された形では、投票の義務が存在すると結論付けてはいないことに注意してほしい。〔というのも、徳の欠如は、義務違反とは別の話だからである。〕そのような結論に至るよう上の論証を改変することは簡単だろう。しかし、徳を論じる理論家たちはしばしば、他の道徳理論家たちが義務を重視しすぎていると懸念している。もしかすると、〔人々は投票すべきだ、と論じるにあたって〕投票の義務の存在を示す必要は実際にはないのかもしれない。むしろ我々は、非投票者の性格には道徳の標準を下回る何かがある、ということさえ示せばそれで良いのかもしれない。

パラレルな論証として、環境倫理の分野では、リチャード・シルヴァンの「最後の人（Last Man）」の思考実験に対する様々な応答がある。[48] シルヴァンは、あなたが生きている最後の人であることを想像するように求める。〔動物も含む〕感覚のある他の生き物は地球には現れないということを、どういうわけかあなたは知っている。あなたの隣には、生き残ったアメリカスギの最後の一本がある。あなたにある考えが思い浮かぶ。単に楽しみのためだけに、あるいは何の理由もないけれど、この木を切り倒してしまうことができる〔のではないかと〕。

次にシルヴァンは、木を切り倒すことの何がまずいのか検討するように求める。多くの人が本能的に、木を切り倒すことがまずいと反応する。ただし、彼らはなぜそうなのか説明できない。なぜなら、多くの人々は、義務とは他の人間か感覚のある動物に対してのみ負うことができるものであると考えがちだからである。仮定上、木を切り倒すことはどんな苦しみも痛みも起こさない。だとすると、もし木を切り倒すことに何かまずいことがあるなら、それは何なのだろうか？　この問いは多くの環境倫理学者たちに、感覚のない存在に対して我々が負うことのできる義務について探求させることとなった。

ただし、もう一つの代替案は、アメリカスギを切り倒すことが不正であると論証せずに、そうしたがる人の性格は良いものではないと論証することである。もしかすると、我々には木を保護する義務はないかもしれない――厳密にいってそれを倒すのは不正ではない――が、全くの楽しみのためや全くの理由なしに雄大なアメリカスギを倒すであろう人は、ある程度道徳的に欠陥があるに違いない。トーマス・ヒル・ジュニアは、そういったことをするような人は、その行為が不正でないとしても、ほとんど常に悪い性格を持った人であると論証する論文を書いている[49]。

同様に、市民的徳は重要な道徳的徳である（多くの人がそうであるとする）と論証できるし、そして投票しないことは多くの人が受け入れる市民的徳の欠如を示す（これも、多くの人がそうであるとする）と論証できる。このことは、たとえ棄権が厳密にいって不正でないとしても、投票しないことが道徳的な性格の何らかの欠陥を示すということを導く。義務を侵害していないときですら、性格の欠陥を示すことはできる。例えば、同僚の子どもが死んだとしよう。私は彼を普通の仕方で慰める。花を買って、私は真剣に「どんな助けもする」と彼に言う。ただ、私は彼に対して本当に共感しているわけではない。ここで私が共感しないことが含意するのは、私に道徳的欠陥があるということである。それは、彼に対する私の義務を全て履行したとしても、そうである。

しかし、本章は投票の義務に賛成する論証を探求するためにあるので、〔ここでは義務に結び付けて考えることにし、〕市民的徳に基づく論証の第二のバージョンを提示しよう。

市民的徳に基づく論証・改訂版（The Modified Civic Virtue Argument）

1. あなたは道徳的な徳を持つべきであり、その徳のために必要な活動を行うべきである。
2. 市民的徳は道徳的な徳である。
3. それゆえ、あなたは市民的徳のために必要な活動を行うべきである。
4. 市民的徳は投票を必須とする。
5. それゆえ、あなたは投票すべきである。

市民的徳に基づく論証の改訂されたバージョンと当初のバージョンの両方において、カギとなる前提は「市民的徳は投票を必須とする」というものである。次章で私は、この前提が不正確であることを示して両方のバージョンの市民的徳に基づく論証に反対する。それ〔前提4〕は広く受け入れられているけれども、間違った市民的徳の構想に依存している。

実際には全ての、あるいはほとんどの現実の非投票者は、性格の欠陥の結果として投票しないことを選択しているわけではないかもしれないことに留意してほしい。とはいえ仮にそうだったとしても、必然的に市民的徳に基づく論証が正しいことになるわけではない。全ての非投票者が臆病者で、他者の福利に無関心であり、それゆえに投票しなかったとしよう。この事例において、彼らの性格は良いものではない。しかし、性格の良い人がなお投票しないという事態が〔この事例においては〕ありうる。市民的徳に基づく論証が成功するためには、市民的徳と投票とのつながりが、インテグリティと自分自身の信条を守ることとのつながりと同じくらい密接であることを示さないといけない[7]。ここがまさに、この論証が間違っている部分である。次章で私は、市民的徳と投票の間にこうした密接なつながりはないと論証する。

注

（1） この前提は明白に真というわけではない。この種の行為は義務というより超義務かもしれない。

（2） 次のように論証されるかもしれない。すなわち、結果に影響を与えないとしても一票が重要なのは、ある候補者が〔投票された票のうちの〕大多数を獲得した場合、「民意を得た」とみなされ、〔ただの辛勝の場合よりも〕法案を通すより大きな力を持つことになるからであると。しかし、これは単に問題のありかをすり替えているにすぎない。この論証をするためには、一票が民意を形成するのにどれくらい貢献するかを測る何かしらの方法を見つけないといけない。この論理は多くの点で前のものと同じである。どんな一票も、自分の投票が単なる勝利から民意を得たとみなされるほどの大勝まで押し上げる見込みは消え入るばかりに小さい。単なる勝利から民意を得る〔ほどの大勝〕まで連続的な違いがあるとしても、一票がもたらす違いは消え入るばかりに小さい。〔訳注：『アゲインスト・デモクラシー』ではこの論点は別の角度から言及されている。本書は民意形成への一票の寄与分が消え入るばかりに小さいことを論じるのに対し、『アゲインスト・デモクラシー』ではこの点を示すエビデンスがないと指摘される（上巻 145）。〕

（3） Hardin 2009, 70–71 を参照。

（4） 期待効用について語ることが功利主義や快楽主義へのコミットメントとなるわけではない。「効用」は、様々にある帰結の価値を指し示すのみである。〔つまり、〕それが喜びや幸福度を意味しないといけないというわけではない。

（5）Barry 1978a, 39.

（6）Lomasky and Brennan 2000, 66を参照。また、G. Brennan and Lomasky 1993, 56-57を参照。『民主主義と決定（*Democracy and Decision*）』においてブレナンとロマスキーは、一票の価値を計算する最良の方法として現在受け取られているもの（彼らの公式に論争がないわけではないが）を素描する。DとEの二人の候補者がいるとしよう。UをDへの私の一票の効用とすると、その効用を $U=p[V(D)-V(E)]$ という式で計算できる。p は私の投票が決定的である確率であり、$[V(D)-V(E)]$ は二人の候補者の間の価値の違いを示す。私の投票が決定的なものとなる確率は、〔次の〕他の二つの変数の関数である。〔すなわち第一に〕選挙で投票する人々の数と、〔第二に〕優勢な候補者の得票率の予想である。ある候補者に得票率の予想がつけられるのは、出馬する際の世論調査において、この候補者が既に本命候補でありリードしているときである。技術的な話をすると、優勢な候補者の得票率の予想は、ランダムな投票者が優勢な候補者に投票するだろう確率である。期待効用を計算するこの手法の批判の一部については、Fischer 1999を参照。

（7）Landsburg 2004は、同様の公式を用いて同様の値を導いた。彼の論証では、〔投票が〕決定的なものになる確率はパワーボールを連続で一二八回勝つ確率と同じである。

（8）Somin 2006とEdlin, Gelman, and Kaplan 2007の両方が、利他的な動機があるときに投票が合理的であると論証する。なぜなら、少なくとも一部の選挙では、共通善を促進する能力という観点での投票の期待効用は高いからである。しかし、ソミンは（Riker and Ordeshook 1968からの）時代遅れの公式を用いて〔投票が〕決定的になる確率を計算しており、G. Brennan and Lomasky 1993のこの公式に対する批判に応答していない。エドリンらは〔投票が〕決定的になる確率を誇張するように見える別の公式を利用している。しかし、私はここで彼らの公式を批判することはしない。

（9）Edlin and Karaka-Mandic 2006.

（10）二〇〇八年のアメリカ合衆国大統領選挙に対してスティーブン・スピルバーグは、より多くの人が投票に行くようにするためにプロパガンダ短編映画を作成した。映画中のセレブの多くが、特に二〇〇〇年のフロリダの選挙がどれくらい接戦だったかを思えば、一票が重要でないと考えることがどうしてできるのかわからないと述べた。それにもかかわらず、二〇〇〇年の選挙におけるフロリダの住民の投票の期待効用は実際には、一セントよりも何千分の一ほども小さい。しかし、いまや選挙が終わって投票の物差しに期待効用を使う必要はない。その代わりに実際の効用を推定できる。他の投票者がどう投票したかを踏まえると、二〇〇〇年選挙におけるフロリダ州民の一票の（選挙の結果への影響という観点では）実際の効用はどんなものもちょうど0ドルだった。Hardin 2009, 71 を参照。

(11) これは Downs 1956, 257〔邦訳 278〕で行われた論証の好意的な再構成である（ことを私は意図している）。

(12) Downs 1956, 257〔邦訳 278〕

(13) ダウンズに対するより多くの批判には、Gaus 2008, 186-90 を参照。

(14) Barry 1978b, 20 を参照。

(15) Tuck 2008, chap 3 はこうした決定的な閾値がないときですら我々は、あたかもそうした閾値があるように熟考するべきであると論証する。

(16)（一二ポイントのタイムズ・ニュー・ローマンフォントで）この投票の期待効用を $0.000……33 という形で印刷したとすれば、およそ二〇マイルの長さの紙一枚になる。

(17) Hardin 2009, 77 は、ダウンズがこの論証をしたのは、彼ですら集合的行為の論理を理解していなかったからだという。ダウンズに対する批判者の多くが、ダウンズの論証を、投票が合理的であるとダウンズが認めていることと同視してしまっていると、ハーディンは言う。しかし、ハーディンはそれを「因果的誤り」とみなす。

(18) 例えば、私が短い間 GEICO〔自動車保険会社〕に勤めていたとき、1ドルの保険料に対して会社の払うお金の期待値は九三セントだと伝えられた。なお、オールステート〔保険会社〕のような他の会社は、受け取る保険料よりも多い保険金の払い戻しをしているが、払い戻しをする前に投資で利益を得ている。

(19) この点は、Lomasky and Brennan 2000, 78 から来ている。

(20) ジェリー・マッキーは、「民主的責任を増進するために投票することは、もしかしたら連続的に〔推移する〕公共財であると」論証した。なお彼は、投票も収益逓減すると記すほど注意深かったのだが、この点が合理的投票に関する彼の理論にどのような影響があるか紙幅を割いて説明しなかった。Mackie 2008, 21 を参照。

(21) 民主主義の擁護者の多くがコンドルセの陪審定理を用いて、民主主義に良い決定をもたらす傾向があると論証していた。実際の民主主義はその定理によって巧くモデル化されているわけではなく、それゆえこの定理は、民主主義の擁護のために利用することはできないということを、今や多くの人が認める。（なぜこうなのかということに関する信頼できる論証としては、Estlund 2007, chap 12 を参照。）しかし、仮にこの定理によって民主主義が適切にモデル化されるとしても、追加の信頼できる投票者を追加することは限界収益逓減の法則に直面する。投票者は51%信頼でき、法案を通過させるには51%、つまりは過半数の有権者の支持が必要であるとしよう。もしそうなら、最初の百人の投票者の集合的な信頼性は51.99%であり、最初の五百人の投票者の集合的な信頼性は、59.86% であり、最初の一万人の投票者の集合的な信頼性は 99.97% である。Gaus 2003b, 159-160 を参照。それゆえ、もし民主主義がコンドルセの陪審定理によって適切にモデル化されていたとしても、数百万の人々に投票させることは無駄である。〔以上の論証の計算を訳者が実際に excel や Wolfram Alpha を用いて計算したところ、最初の百人の場合には $\sum_{k=51}^{100}\binom{100}{k}0.51^k0.49^{100-k}\approx 0.54$、最初の五百人の場合には $\sum_{k=255}^{500}\binom{500}{k}0.51^k0.49^{500-k}\approx 0.51$、$\sum_{k=251}^{500}\binom{500}{k}0.51^k0.49^{500-k}\approx 0.65$、最初の一万人の場合には $\sum_{k=5100}^{10000}\binom{10000}{k}0.51^k0.49^{10000-k}\approx 0.504$、$\sum_{k=5001}^{1000}\binom{10000}{k}0.51^k0.49^{10000-k}\approx 0.97$ となった。〕

(22) 図2の関数が $Q=\log_{10}(N)$ のような対数関数であるとしよう。一千億の投票者の対数関数は11である一方で、一千万の投票者の対数関数は7である。それゆえ、図2のこの解釈に基づくと、最初の一千万人の投票者の方が、次の一千億の投票者よりも統治の質を向上させていることになる。代わりに、図2の関数が $Q=\sqrt[3]{n}$ だとしよう。この場合、最初の五千万人の投票者は $Q\approx 368$ を生み出すが、最初の一千万人の投票者は $Q\approx 215$ を生み出す。最初の投票の価値は、五千万番目の投票の価値に対して六桁分大きい価値がある。（これらの等式は単に収穫逓減を描写するためだけに用いられていることに注意してほしい。）

(23) 一般的には活動の評価をする際には平均的な貢献量ではなく追加の（marginal）貢献量で評価する方が意味をなすとされるかもしれない。しかし、投票のような同時に行う活動の場合には、人々は行為をそれらの平均的な帰結によって評価すべきかもしれない。しかし、これは過剰な投票数と時間の浪費につながる。全員に投票させるよりも、（限界投票価値が例えば一ドルをいつ下回るか尋ねて）どれくらいの割合の投票者が必要とされるかを決定して、潜在的な投票者が百面サイコロの出目に基づいて投票するか決めさせる方が、より良いやり方かもしれない。全員が投票したときと同じくらい高い質の統治をこれはもたらすが、機会コストを下げる。Tuck 2008, 45 を参照。

(24) Lomasky and Brennan 2000, 78-79 の議論を参照。Paten 1996, 30 も参照。

(25) 投票率の説明の要約には Evans 2004 chap. 6 を参照。説明の一部は、より高い質の統治が高い投票率をもたらすということを示唆するものであって、その逆ではない。エヴァンスは低い投票率は大きなリスクを冒すことになると示唆するが、このことの経験的論拠を提示していない（p. 163）。Lijphart 1999, 284-86 は、より良い統治がより高い政治参加をもたらすということの論拠を提示するものであって、その逆ではない。Cox 2003; Levi and Stocker 2000 も参照。ティモシー・ベスリーは、民主主義の不健全さの度合いは低い投票率と相関すると示唆するだけでなく、そのことが市民の福利にどのような帰結をもたらすか示すことは困難だとも述べる（Besley 2006, 17-20）。彼の提示するデータがより強く示唆するのは、低い質の統治と受け取られることは低い投票率をもたらすということであり、高い投票率がより高い質の統治をもたらすということではない。マーク・フランクリンは、アメリカ合衆国における低い投票率の原因を部分的には権力分立と政府の政策に対する特殊利益の影響力が強大だと受け取られていることに帰す（Franklin 2004, 91–118）。

Fullwinder 1988, 276 は、投票を通して利益を得ることができると投票者が信じているという点で、高い水準の投票率は投票率の利己心を反映しているのかもしれないとぶっきらぼうに示唆する。

（26）Mackie 2008 の論証するところでは、一票に道具的価値があるのは、彼らが勝敗を分ける票差を変えるからである。しかし、勝敗を分ける票差を変えることによって良い結果を生み出す能力という観点から見た、一票一票の限界価値は、おそらく消え入るばかりに小さい。マッキーは、そうではない〔＝一票一票の限界価値が消え入るほど小さくない〕と考える理由を全く提供しない。彼は、もし投票者が勝利に必要な票差を気にするなら、これは投票すべき追加の理由を与えうるということを単に論証しているにすぎない。

（27）本節は、J. Brennan 2009 を取り込んで拡大したものである。

（28）Olson 1965.

（29）たとえ因果性に関するタックの観点を受け入れたとしても、彼の論証は奇妙である。第一に、私の投票に有効な集合に属する可能性があると考えるのは、せいぜい比喩的なものに見える。もしあなたと私がＡに投票するなら、私の投票とあなたの投票に実質的に違いがあるわけではない。誰の投票が有効で誰の投票がそうでないかを決める現実的な方法はない。例えば、百面サイコロを振って、出目が四〇以下なら私のＡへの投票が有効だったと結論付けることはできない。全ての投票が同じである〔からである〕。問題は単に誰の投票が有効で誰の投票が有効でないか決める方法がないというだけではないことには留意してほしい。形而上学的に言って投票は全て同じなので、原理上利用可能な情報などないということである。Ａへの一万票は、Ａの選挙を過剰に決定するものである。Lewis 1983, 199–200 を参照。

（30）以下のような仕方で客観的な価値があると示せると論証されるかもしれない。もし因果的に有効な集合にＮ人のメンバーがいるなら、その集合に含まれる一票一票には、その集合がもたらす結果の1/Nの効用がある。一票には潜在的に高い期待効用と実際の効用があるということを、これは含意しうる。（オバマはマケインと比べて一兆ドル以上も大きな共通善をもたらすと想定しよう。もしそうなら、二〇〇八年の選挙におけるオバマへの一票は、〔本文で示した〕等式1を解くことで、ほとんど一五万ドルの価値を持つことになる。）しかし、タックはこの可能性を棄却する。Tuck 2008 2008, 40–43 を参照。

（31）投票以外にも有効性を持つ別の方法がありうる。そして、それらの別の方法の一部は、より多くの因果的なコスト対効果をもたらす。例えば、〔コメディアンである〕スティーヴン・コルベアは、嫌みな話をすることによって投票よりも大きな因果的影響力を選挙に及ぼすことができる。

（32）Amadae 2008 を参照。

（33）Tuck 2008, 54; 32 も参照。

（34）Gaus 2008, 8.

（35）Tuck 2008, 101 を参照。

（36）Gaus 2008, 11.

（37）スティーブ・クーンは、彼の『ただ乗り』に対する論評において、異なる論証を用いて同様の結論に至っている。Kuhn 2010 を参照。

（38）これは Tuck 2008, 56 が行った Goodin 1998, 157 の要約の言い換えである。

（39）同様の問題は、Goldman 1999 に対しても生じる。ゴールドマンの論証では、棄権する有権者ですら選挙の結果に対して因果的責任を負うとされる。なぜなら、彼らは何らかの仕方で結果に影響を与える能力があったからである。ゴールドマンは、彼の因果的責任の理論に道徳的なねじれを加えることを嫌がる。ここで私は単に次のことを記すにとどめる。すなわち、彼の理論を用いて投票の義務の存在を示そうとする人は、論点先取をしてしまう見込みが高い。通常、私が何かしなかった結果として何らかの出来事が生じたときに、私がその出来事に対して道徳的責任を負うのは、何らかの結果をもたらすという義務を先んじて私が負っている場合のみである。Nozick 1974, 192〔邦訳 319–320〕を参照。

（40）Lomasky and Brennan 2000, 75.

（41）Lomasky and Brennan 2000, 76.

（42）アナーキストであるエヴェン・キャプランは、この点に同意する。Caplan 2007、特に p. 114 を参照。

（43）公共財にただ乗りすることの何が不公正なのかに関する検討については、Nozick 1974, 93–95〔邦訳 146–151〕を参照。

（44）Waldron 2003, 318 もこの種の論証をする。

（45）Lomasky and Brennan 2000, 77–78.

（46）Lomasky and Brennan 2000, 77–78.

（47）少なくとも、私の同胞である、情報に通じた、合理的な、理に適う市民は、私に対する不平があるかもしれない。もしかすると、無知で、非合理的な、理に適わない市民すらも同様に不平があるかもしれない。彼らの選挙に対する有効性を引き上げた、という理由で私が投票しなかったことが悪いと彼らが言うことは偽善的だろうが（「ねえ、棄権したあなたたちは、悪い投票者たちである我々が勝つ見込みを高めてしまったよ！」）、しかしそれにもかかわらず、彼らは正しいかもしれない。

（48） Routley［Sylvan］1973.

（49） Hill 1983.

訳注

［1］ ブレナンが述べるようにこの章の論証の手法には数学的・論理学的なものが含まれる。この章を飛ばして次章から読んでも本書の理解が不可能になることはない。

［2］ 購買力平価とは複数の通貨の間の為替レートを決定する理論として知られている。ある財、例えば電卓を考えよう。日本で電卓が安く、アメリカで高く売られていたとしよう。この場合、電卓を日本で買い、アメリカで売ると利益を得られる。そうすると、日本では輸出増となり、アメリカでは輸入増となるため、円高ドル安となる。この為替レートの変化がなくなった時点の為替レートが購買力平価とされる。

［3］ 10÷(365×24×60)×5＝0.000095

［4］ アメリカの大統領は投票総数が直接選挙結果を決めるのではなくて、有権者は選挙人を選んで、選挙人が大統領候補に投票するという形になっていることに留意。

［5］ 原著では「小さい［less］」となっているが、誤植と判断した。

［6］ 以下の public good（s）の訳であるが、それが指す内容物がいわゆる財とは呼びにくいもの（民主主義など）を含むようになることに鑑み、文脈に応じて「公共善・公共財」というように併記することにする。

［7］ インテグリティとは、行動にその人らしい一貫性や統一性があることを意味する哲学上の用語である。「誠実さ」や「統合性」と訳されることもある。自分の信条に反する行為をとること（例えば長く菜食主義者として生きてきた人が肉を食べるなど）は、「その人らしさ」を損なうものであり、インテグリティの毀損となる。この意味で、インテグリティと自分自身の信条を守ることには密接なつながりがある。

第二章　政治なしの市民的徳

我々は、市民としての義務により、私的生活から政治や行政へと、あるいは慈善活動へと、必ずしも引きずり出されることになるというわけではない。とはいえ少なくとも、あらゆる人は、そうした機会が訪れたときに、そのような役割を担う準備をしておくべきだろう。

Bernard Bosanquet, *Aspects of the Social Problem*（1895）

投票への賛同を示す三つの論証

投票する義務を擁護する次のような三つの論証が、前章から我々へと残された。すなわち、〔1〕行為者性に基づく論証、〔2〕公共善・公共財に基づく論証、〔3〕市民的徳に基づく論証、である。

行為者性に基づく論証は、次のように主張したのであった。すなわち、十分な福利の水準を保持した正しい社会秩序の形成・維持を支援するためにも、市民は、一定の因果的な責任を負うべきである、と。行為者性に基づく論証は断言する。それをなすためには投票が必須となるのだ、と。

公共善・公共財に基づく論証は、次のように主張する。すなわち、投票をしない者は、良い統治の実現にあたって、不公正にもただ乗りしているのだ、と。投票に行かないということは、税金を支払わないようなものなのだ――良い統治を実現すべく懸命に働いている他の者たちにさらなる別の重荷を背負わせる、ということになるのである。

市民的徳に基づく論証は、次のように主張する。投票は、市民的徳を発揮する上で必須となる方法なのであり、そして市民的徳は、重要な道徳的徳なのである、と。

本章では、市民的徳についての理論、そして社会に対する責務を果たすことについての理論を概説する。（あくまで概説であって、市民的徳について述べるべき全てというわけではないが、私の主張を展開するにあたっては十分なものである。）私の見るところ、市民的徳についての常識的感覚や人口に膾炙した哲学理論は、あまりに政治的である。リベラルで民主的な社会において、市民的徳がどのようなものであるかと、それがどのように発揮されるべきであるかとの間には、分業が存在しているということを彼らは認識できていないのだ。本章の大半は、市民的徳についての私の理論を説明するものであるため、投票の問題について論じるのはいったん中断する。ただし、本章の最終部分において、〔上記の〕三つの論証へと立ち返り、なぜそれらが誤りであるかを示すことにする。

市民的徳についての最も人口に膾炙した見解は、次のように主張する。すなわち、積極的な政治参加とコミュニティに根差したボランティア活動が、市民的徳には不可欠なのである、と。本章で私は、この見解に対峙し、次のように論じる。すなわち、優れた市民的徳を持つ人は、ありふれた私的活動を通じて市民的徳を発揮しうるのであり、政治に参加する必要など全くないのである。

市民的徳についてのリベラルな理論に向けて

私が擁護するのは、市民的徳の政治外的構想である。この政治外的構想によれば、市民的徳の発揮にあたって、政治参加など必要ない。政治に関わることがないとしても、市民は優れた政治的徳を持つことができる。現代のリベラル・デモクラシー〔社会〕において市民的徳を発揮する方法の大半は、政治と無関係であり、そしてまた、コミュニティに根差したボランティア活動や兵役といった、政治の末梢部分にあるような活動でさえないのである(1)。

これとは対照的に、最も人口に膾炙した市民的徳の構想は、積極的な政治参加が市民的徳には不可欠であると主張する。この構想は、市民的人文主義や市民的共和主義に基づくものである(2)。人々の大半は、共和主義者ではない。しかしながら、常識となっている市民的徳の構想は、多かれ少なかれ共和主義的な構想なのである。市民的徳は、投票を含むが投票に限られない、重く積極的な政治参加を要求するものなのだ、と共和主義者は主張する(3)。例えば、エイドリアン・オールドフィールドは次のように述べている。すなわち、共和主義のモデルに基づいた市民性とは、「精神的態度によって裏付けされた実践や活動」であり、兵役、政治的熟議や政治参加、そして政治に参加する子どもたちの養育を含む、「極めて具体的な類の公共奉仕」によって示されるものなのである、と(4)。

市民的徳についての政治外的構想がパラドクシカルなものに思えてしまいうるほどに、市民的徳についての共和主義的構想は、支配的である。市民的徳が政治に関わる必要はないと主張することは、用語的に矛盾しているのでは、と思われるかもしれない。しかし、矛盾などしていない。我々は、政治的徳と市民的徳をより一般的に区別すべきなのだ。(5) 市民的徳が政治への従事をどの程度要求するのかは、〔根拠なく〕推測して済ませるべきではなく、きちんと探究すべきものである。

リベラルな社会において、良い市民となる方法は数多くある。そうした方法の中には、典型的に共和主義的なものもある。良い投票をする、政治運動を行う、制度的改善を進める、国家的・軍事的・政治的な奉仕に参加する、などである。しかし、良心的な労働者となる、アートを作る、営利的なビジネスを展開する、科学的発見を追い求める、といった、典型的には私的なものと考えられている多くの活動もまた、市民的徳の発揮となりうるのだ。事実、多くの人々にとって、市民的徳を実践するにあたり、こうした活動の方がより良い方法なのである。

この市民的徳についての理論のインパクトは三つある。〔1〕理論家が解しているよりも多くの市民的徳が、市民の中には存在しているかもしれないということ、〔2〕社会に対して果たすべき責務を市民が負っていると我々の考えている範囲において、こうした責務を果たす方法は数多く存在するということ、そして、〔3〕政治参加を支持する常識的な論証は誤りであるということを、この理論は示してくれるのだ。

「市民的徳」が未解決のままにしているもの

本節では、市民的徳の構想に政治参加は組み込まれていない、と主張する。市民的徳の発揮に政治参加が必須かそうではないのかは未解決の問題なのであり、そしてまた、市民的徳の概念によって決着がつくような問題でもないのである。哲学者や政治理論家らによって示されてきた「市民的徳」の定義をいくつか考察することにより、この点を明らかにすることにしよう。

概念か、構想か?

ある何かの概念とその概念についての様々な構想という区分は、今やよく知られたものとなっている。例えばロールズは、正義概念には、権利・義務の割り当てと、利益・負荷の適正な分配の決定が内包されている、と述べる(6)。様々にある義務や権利、そしてその分配はどのようなものであるかについて、異なる正義構想(理論)——功利主義、リベラリズム、コミュニタリアニズムなど——の間で見解は分かれている。しかし、これらは皆それぞれ正義構想なのである。というのも、皆それぞれロールズの言う二つの点〔=権利・義務の割り当てと、利益・負荷の適正な分配の決定〕に関係したものだからである。

ディヴィッド・シュミッツも同様に、人々に公平な評価を与えることが正義概念には内包されていると述べる(7)。人々に公平な評価を与えることについて話していないのだとすれば、それは正義について話していないということなのだ。ここでもまた、異なる理論家が様々な正義構想を論じている。彼らは、人々の公正な評価とは何であるかについては見解を異にする。しかし、正義とは人々の公正な評価についてのものだ、と〔皆同じように〕認識しているのである。正義概念に訴えるだけでは、彼らの間における見解の相違をなくすことはできない——〔というのも、〕正義概念は、どの正義構想がベストであるかを未解決のままにしている〔のだから〕。

概念と構想の区分を市民的徳の領域へと当てはめてみよう。市民的徳の概念には何が内包されているだろうか？　〔それぞれ同じように〕市民的徳の構想でありつつも、異なる構想の間で見解を異にしうるのは、どのような論点についてであろうか？

「市民的徳」を定義する

市民的徳の概念の最も中核にあるのは、市民的徳は人をコミュニティの良いメンバーとする、ということである。市民的徳の概念は、ほとんどそこへと行きつく(8)。コミュニティの良いメンバーになるにあたって何が求められるかについて、様々な市民的徳の構想が様々な説明を提示している。

市民的徳の概念に内包されるものについて、他の理論家たちがより明確にしようと試みているので、ここでは、彼らが提示してきた市民的徳の定義を見ていくことにしよう。シェリー・バートは、「市民的徳」を「行動と熟慮の中で、私的な善や財よりも公共善や公共財を重視しようとする性向」と定義する(9)。リチャード・ダガーは、共和主義的リベラリズムを擁護する中で、これと同じ定義を用いている(10)。ウィリアム・ギャルストンは、「その保持者をコミュニティの幸福へと寄与させるように仕向けるとともに、寄与するにあたっての保持者の能力を向上させる特質」として市民的徳を定義する(11)。ジャック・クリッテンデンは、「市民的な精神を持つ」ということは、「コミュニティの福利（公共の福祉や市民権）を気遣うということであり、単に〔それぞれ〕自分という個人の幸福を気遣うことではない」という(12)。ジェフリー・ブレナンとアラン・ハムリンは、共通善を判断することができ、そして共通善に向けて適切に行動する動機を持つことである、と市民的徳を分析している。[13]〔以上の定義や分析を見るに、論者たちの間で、〕次のような点で同意が得られているようである。すなわち、市民的徳とは、純粋に私的な目的よりも〔関係するコミュニティの〕共通善を涵養しようとする性向や能力といったものとして、最もよく理解されるものなのだ、と。[14]

もちろん、これらの定義に対して一定の反論をしたり、難問を突き付けたりすることは可能である。[15]例えばであるが、徳は性向として最もよく理解されるのか、と問うことができるだろう。市民的徳を持った人は、地域コミュニティ、国民国家、世界全体、いずれの共通善を涵養することに関心を抱くのか、と問うこともできる。一体どれほどであれば市民的徳に十分な公共精神となるのか、と問うことも可能である。これらは〔探求する〕価値のある主題であるが、ここで長々と探求することはしない。市民的徳の政治外的構想と市民的徳の共和主義的な構想、いずれを選ぶか決めるにあたって、これらの問いに答えたとしても何の助けにもならない。したがって、これらの問いに対する答えは、いま取り組んでいる論争に対しては中立的なものだと考えることができる。

単に論理の問題とするならば、これらの定義はいずれも、政治参加を必須とすることを含意しない。もし市民的徳が政治参加を必須とするというのであれば、これは同語反復ではなく、興味深く実質的な哲学的主張となる。人々を公正に扱うことを正義が必須のものとする、と述べてもそれは同語反復である。しかし、言論の自由を正義が必須とする、あるいはしない、と述べることは、興味深く実質的な哲学的主張となる。同様に、市民的徳によって人はコミュニティの良いメンバーへと変わるのだ、と述べても、それは同語反復である。しかし、政治参加を市民的徳が必須とする、あるいはしない、と述べることは、興味深く実質的な哲学的主張となる。

だが、多くの人は、市民的徳が政治参加を必須のものとする、と思い込んでいるようである。例えば、共和主義とは私的な善や財よりも公共善や公共財を重視しようとする性向である、と述べてからほとんど間を置かずに、ダガーは次のように結論付ける。すなわち、市民的徳を持った人は、良い社会に必要とされる自由の維持を支援すべく、統治に参与しようとするだろう、と(16)。続けてダガーは、市民的徳が共通善の涵養に関するものであることを強調した後(17)、真の市民であればしたがって、公的な生に積極的に携わるようになるであろう、と結論する。ダガーは、繰り返し次のように主張しているように思われる。すなわち、市民的徳が共通善を涵養するものであるならば、このことは直截に、市民的徳が多くの政治的従事を必須とするということを意味するのである、と(18)。

同様に、クリッテンデンも次のように言う。「いつ、そしていかなる形で実施されるものであれ、市民教育は、市民としての自身の役割を果たすことができるよう、その国の人々、とりわけ若者に準備させるものである。それゆえ、市民教育は政治教育なのであり、あるいはエイミー・ガットマンが説明するように、「政治参加に必要な徳、知識、技能を身に付けさせるもの」なのである」、と(19)。引用したクリッテンデンの文章における「それゆえ」に注目されたい。クリッテンデンは、市民としての自身の役割を遂行することは、多かれ少なかれ、ただ単に政治に参加することだと考えている。このことは彼にとって疑問の余地のないことであり、またおそらくほとんどの人々にとっても、疑問の余地のないことなのである。

ダガーやクリッテンデンなどの人々は、あまりに拙速にそうした推論をしてしまっている。彼らの市民的徳の定義は、市民的徳が正確にはどんなものであるのか、明らかでないままにしてしまっているのである。これらの定義では、市民的徳が〔意味のある、あるいは〔さほど意味はなくても〕何かしらの〕政治参加を必須とするのか、あるいは政治参加に必要となるスキルを必須とするのか、わからないままだ。あらゆる人が同じように市民的徳を発揮すべきなのか、あるいは、人々の一部は補助的な市民的徳のセットを持つ一方で、他の人々は異なるセットを持つべきなのかということなのかも、明らかでないままである。

市民的徳を発揮するためには、コミュニティの共通善に寄与する活動への従事が必須となる、ということに多くの人は賛同する。〔しかし、〕ここから一つの疑問が浮かんでくる。すなわち、共通善に寄与する活動とは一体何なのか、という疑問である。たとえ共通善について何らかの規範的説明へと到達した後であっても、次のような点に決着をつけるための、さらなる探求が必須となる。すなわち、どのような特質が共通善に最もよく寄与するのか、皆が政治を介して共通善に寄与するとしてそれは最良のことなのか、そして、皆が同じような方法で共通善に寄与すべきなのか、である。こうした問いに対する答えを決することは、定義や規定〔を単に確認すること〕によってはなしえない。個々の市民〔あるいはほとんどの市民〕にとって唯一の、あるいは最良である寄与の方法が政治への従事を通じてのものだ、とか、ましてやボランティア活動や兵役といった他の典型的な「市民的な心を持った」活動を通じてものだ、などとは単純に想定すべきではないのである。

市民的徳は共通善を涵養しようとする性向に関連している、という疑問の余地のない概念的な主張と、市民的徳は市民が政治参加を通じて共通善を涵養することを必須とする、という実質的な主張の間には、隔たりがあるのだ。市民的徳が政治参加と固く結び付いたものである、という見解を擁護したいのであれば、より多くのことをなさねばならないのである。[20] 次節において、私は〔政治と市民的徳を強く結び付ける以上のような議論を展開する〕代わりに、しばしば政治外的方法を通じ、また市民的徳の典型には当てはまらないような活動を通じて、共通善は最もよく涵養されているのだ、と主張する。市民的徳を発揮するのに、政治に関わる必要はない。卓越した市民となるにあたり、どのような政治参加にも関わる必要はないのである。

共通善

共通善を涵養するために何が必要となるかについて、共和主義者と私が争いになるとすれば、それは共通善の構想を我々が異にしているためであるかもしれない。ここでは、私が共通善とはどのようなものだと考えているかについて、簡単に説明しておくことにする。より詳しくは、私の投票倫理の理論が私の共通善の構想に基づくものであるのかも含めて、第五章で論じることにしたい。

私見では、ある何かが他者の利益を害することなくほとんどの人々の利益を涵養する、あるいは、害するとしても搾取をせずにほとんどの人々の利益を涵養するのであれば、その何かは共通善に属するものだ、と推定される。[21] 社会における個人の利益から超越したものとして、あるいは乖離したものとして一定の共通善が存在する、とは私は考えていない。政治参加がそれ自体で善いものであるとか、人生を豊かに形作ってくれるものだなどと、間違いなく私は考えていない。しかしただ、ほとんどの共和主義者も、そう考えてはいないのである。私見によれば、共通善の涵養とは、人々が善い生を送ることができるような背景的制度、社会実践・規範、経済的・社会的条件、公共善や公共財（警察による防護や、また道路など）の提供や維持を支援することによって、コミュニティのメンバーの利益促進に貢献する、ということになるだろう。

こうした共通善のおおまかな特徴付けは、一定の人々、とりわけ私が批判を加えている市民的徳のモデルに依拠している一部の共和主義者（ほとんどの、ではないことに注意）にとって、論争的なものに見えることだろう。(22)〔しかし、〕政治参加を求める一部の共和主義者の主張の方が、より論争的な共通善の考え方に依拠したものなのである。その考え方は、リベラルのみならず他の共和主義者すら、拒否したくなるようなものなのだ。(23)

次のような懸念を示す者がいるかもしれない。すなわち、私が市民的徳の非政治的な構想を主張できる理由はたった一つ、つまりは個人主義的な共通善の構想に私が依拠しているからというだけではないのか？　次のように考える者もいるかもしれない。共通善が個人的利益を超越したものとして、また乖離したものとして存在する、あるいは、そうした〔個人の〕利益の集積へと還元できないものだとしよう。このとき、共和主義的な共通善の構想の方が私のものよりも優れている、ということにならないか？　次節では、そのようなことにはならない、と論じていく。〔1〕市民的徳の政治外的構想は、いかなる特定の共通善の構想にも依拠することはないのである。

「シュリヴィック」な徳か、市民的徳か？

これらの市民的徳の定義を拒絶し、また以下で私が提示する構想も拒絶する者がいるとしよう。机をたたき、次のように主張する者がいると想定してほしい。市民的徳を発揮するためには、その定義からして、政治に従事することが必須となるのだ、と。

市民的徳とは人をコミュニティの良いメンバーに変えるものだ、と私は考えている。論理的な問題として市民的徳には政治への従事が必須となる、と誰かが主張してきたのであれば、私は次のように応答する。すなわち、公共精神に基づいた非政治的な活動に従事することによって、人はコミュニティの良いメンバーになれるのだ、と。非政治的な方法で共通善を涵養している、公共精神を持った人は、市民的徳を欠いているかもしれない。しかしその人は、「シュリヴィック（"schlivic"）」[2]な徳を持っているかもしれないのである。シュリヴィックな徳とは、非政治的な活動によって共通善を涵養しようとする性向と能力のことを指す。

したがって、単に論理的な問題として、市民的徳は政治への従事を必須のものとする、と主張したとしても、得るものはあまりない。市民的徳が政治への従事に関係するものかどうかは未解決の問題ではないのだ、と主張したとしても、次のようなことを意味するだけである。すなわち、良い市民は、市民的徳を持つべきなのか、シュリヴィックな徳を持つべきなのか、あるいはこの二つを組み合わせたものを持つべきなのかは未解決の問題だ、ということになるだけなのだ。

市民的徳の政治外的構想

本節では、市民的徳の政治外的理論について概観するとともに、この理論が共和主義的見解よりも優れたものであると主張する。また、他の市民が提供してくれる良い統治にただ乗りすることがないよう、市民が自らの社会に対する責務を果たすことはどのようにして可能となるか、についての説明も部分的に行うことにする。

市民的徳を最もよく理解するにはどうすべきかを説明することが端的に言って私の目的である、ということに注意されたい。私はここで、市民的徳がとりわけ重要なものだとか、あるいは価値あるものだとか論じるつもりはないし、私がここで説明するような市民的徳を誰しもが持つべきだと論じるつもりもない。（市民的徳とは何であるかという問いは、それがどれほど重要であるかという問いよりも根本的なものである。）（共通善の追求と正義の追求が分離してしまう限りにおいてだが、）共通善の追求が正義の追求よりも重要であるとか、私的理由のための私的目的の追求よりも重要である、などとも論じない。市民的徳とは何かがひとたび明らかとなったならば、それがどれほど重要なものであるかを問うことが可能となるが、しかしこの問いは、また別の、次なる課題なのである。[24] 私の見るところ、我々はまだ、この次なる課題に取りかかることはできない。なぜなら、我々は、間違った市民的徳の構想に取り組んできてしまっているからである。

公共善・公共財に基づく論証は、社会に対する責務という考えに依拠している。市民は特定の善や財——良い統治——を受け取り、その善や財の対価を支払う義務を負う、とこの論証は考える。これとは対照的に、市民的徳に基づく論証は、社会に対する責務という考えに依拠せず、市民的徳を持ちまた発揮するにあたって必要となるものにのみ、依拠している。

私は、ある場合には、市民的徳を持つにあたって必要となるものについて論じる。また別の場合には、社会に対するそれぞれの責務を果たすにあたって必要なものについて論じる。これらは、同じ事柄ではないのである。ある人が優れた市民的徳を持ちながら、不運や不幸によって社会に対する自身の責務を果たせない、ということはありうる。例えば、大学を卒業して間もない人が、共通善を涵養すべく準備をしていたが、善をなす前に車の事故によって死んでしまった、と想像してほしい。この事例では、この人は、自身の責務を果たすことができなかったかもしれないが、市民的徳を持っていたのである。これとは反対に、市民的徳を欠いていても、自身の責務を果たすことがありうる。例えば、ある政治家が、共通善の涵養にあたり多くをなしたが、それは彼の仲間である市民への配慮ではなく、権力欲からのものであった、と想像してほしい。この事例では、この政治家は、社会に対する責務を果たしたかもしれないが、市民的徳を欠いていたのである。

市民が、特定の人々に対して責務を負うのとは反対に、本当に社会に対して責務を負っているのかどうか、私には判断できない。しかし、市民が社会に対して責務を負っているか判断できないのだとしても、そうした責務を果たすのに必要なものについての理論を私は持っている。それが奇妙であるように思われるなら、〔次のようなアナロジーを〕考えてみてほしい。知能を持った地球外生命体が存在しているのかどうか、私には判断できない。しかし、そうした生命体が存在するとすれば、核兵器によって殺すことができるだろう、という確信を私は持っている。

拡張的な構想

市民的徳の政治外的構想は、市民的徳の拡張的な構想に当たる。市民的徳の拡張的な構想は、典型的な私的領域が市民的徳を発揮する領域になりうる、ということを認める。ソビエト連邦を一つの好例として取り上げよう。ゲイリー・ベッカーは、ソビエトの市民が負う（つまりは負わせられている）憲法上の義務の拡張されたリストについて説明している。（法に従うこと、他者の権利を尊重することなどの）明白な政治的義務を超えて、市民は、市民としての自らの資格において、子どもをきちんと育てることや、「自然を保護し、その豊かさを守る」こと、そして社会的余剰[3]を増加させる生産的な仕事をすることが期待されていた(25)。ソビエト連邦は、市民的義務についての拡張的な構想を持っていたのである。すなわち、リベラルが国家の権限の外にあるとみなす多くの個人的活動が、市民であることの徳の中に含まれる義務である、とソビエトではみなされていたのだ。私的なものだとリベラルが通常考えるだろう活動も、ソビエトにおいては、市民的徳を発揮すべき領域だと考えられていたのである。

　驚くべきことに、ソビエトの見解を部分的に採用する良い理由が、リベラルにはある。もちろん、リベラルは、市民的義務についてのソビエトの見解全て、例えば、市民は広範な義務のリストの下にあるとか、そうした義務のほとんどは政府による制裁によって強制される、といった見解を採用すべきではない。ソビエト連邦は、私的領域と公的領域の区別を峻拒した――ソビエト連邦では、生活のあらゆる側面が政治的なものだと考えられていた――のだが、リベラルは、そうした区分をある程度は維持することを欲するだろう。にもかかわらず、共通善に寄与するための多くの方法が市民にはある、とソビエト憲法が正しく認識していたことに、リベラルは同意すべきである。これらの方法の中には（リベラルが呼ぶであろうところの）政治的なものもあるが、全てがそうというわけではない。それらの方法の中には、リベラルが私的活動だと考えるであろう活動を通じてなされるものが、含まれているのである。

ジョン・ロールズは次のように述べた。すなわち、「社会とは、〈相互の相対的利益〔ましな暮らし向き〕を目指す、協働の冒険的企て〉なのだ」[26]、と。リベラルは、社会とはポジティブサム・ゲーム[4]であり、参加したことによって各参加者がより良い状態になる、相互作用の網の目〔のようなもの〕であると考えている。リベラルな社会とは、たいていの場合に私的な善のヴィジョンを追い求めている私的な個人たちが〔作り出す〕パートナーシップなのである。しかしながら、これらの私的な追求の多くは共通善に寄与するものでもある、ということをリベラルは認識している。個々の市民がリベラルな社会から利益を享受するのは、ただ単に平和に自身の活動を自由に追求できるからではない。そうではなく、彼らは、〔直接であるときも間接であるときもあるが、〕他者の活動から利益を享受しているのである。

私的市民による私的目的の追求がもたらす、システム的な効果がある。すなわち、富、機会、文明的進歩の背景となる条件の形成、という効果である。社会的協力の拡大システムによって、正の外部性が生み出される。そのおかげで、我々一人ひとりの行為が、我々〔全体〕の行為となるのである。なぜ現代のリベラル社会にいる我々一人ひとりが高い生活水準を持ち、文化や教育、また社会的機会に容易にアクセスできるのか？　こうした協力の拡大システムが、その理由を説明してくれる。我々は、相互利益のネットワークに参画しており、そして、こうしたネットワークに参画している他の人々から利益を享受しているのである。

関連して、シュミッツは次のように述べている。すなわち、「まっとうな自動車整備士ならば、税金を支払うよりも車を修理した方が、社会のためにより多くをなしたことになる」、と[27]。これを拡張して、我々は次のように付け加えうるだろう。まっとうな整備士ならば、たいていの場合、投票したり上院議員に嘆願を出したりするよりも、車を修理した方が社会のためにより多くをなしたことになる、と。車を修理することで、整備士は、共通善を涵養する協力的なネットワークの形成・維持に寄与しているのである。

私の主眼は、共通善の涵養や維持における政府の支援を否定することにはない。拡大した協働のネットワークに政府の補助は不要である、と主張することにもない。そうではなく、共通善の涵養にあたって政治の役割を低く見積もることが誤りであるのと全く同じように、共通善の涵養にあたって非政治的な活動の役割を低く見積もることも誤っている〔と主張することに、私の主眼はある〕のである。

政府の補助や規制なしに、私的な行動が共通善を利するということはありえない、と反論する者もいるだろう。おそらくそうだろう。しかし、その逆もまた真なのである。しばしば哲学者たちは、政治がいかに共通善に寄与しているかを描き出すために、自然状態という思考実験を用いる。哲学者たちは、我々に政府がないとすれば生活はどのようなものになるか想像するようにと述べ、そして次のように結論する。すなわち、政府がないならば、人生は孤独で劣悪、貧しく野蛮で、そして短いものになるだろう、と。もしそうならば、政府は共通善に寄与していることになる。しかしながら、我々は「逆自然状態」というものも想像しうる。すなわち、私的・非政治的な活動が喪失された政治的社会である。逆自然状態においては、人々は、公的な熟議や投票、また法形成のためには集まろうとするのだが、私的活動にいそしむ者は、誰一人としていない。逆自然状態においても、人生は、孤独で劣悪、貧しく野蛮で、そして短いものになるだろう。というのも、そこには食べ物や音楽、科学や住居、また芸術も存在しないだろうからである。私的・非政治的活動のみで共通善が形成されないのと同じように、政治的活動のみでは、共通善は形成されないのである。

リベラルな市民はどのように自らの役割を担うのか

思想の自由、結社の自由、職業〔選択〕の自由、企業における分業、そして諸企業の間で発展する役割の専門分化によって、社会は想像を絶するほど複雑な協働の網の目になっていく。リベラルな社会では、ほとんど全ての市民が、社会構築のプロセス、すなわちともに社会を創造しそれを維持するというプロセスに参加する。しかし、その参加全てが、直接的に政治を通じてのものだ、というわけではない。

レオナード・リードの有名なエッセイ「私、鉛筆」を想起してほしい[28]。「私、鉛筆」は、鉛筆の自伝であるかのように書かれている。一本の鉛筆を作るのに用いられるあらゆる知識や技術、そして労働力について長々とした説明がされている。個々の部品は、採掘され、加工され、そして工場へと出荷されねばならない。鉛筆製造の最終過程でも、またその部品の製造においても、数えきれないほどの機械や道具が使用されている。全くの誇張なしに、リードは次のように結論する。すなわち、〔部品の〕寄せ集めから一本の鉛筆がどのように作られてくるのか知っている者、あるいは知ることのできる者が地球上に誰もいないというほどに、鉛筆の製造とは複雑なものなのである。そして、一本の鉛筆を製造するのに何百万の人々が参与しているのだが、自分がそうしていることを知っている者は、その中でごくわずかなのである、と。ここでの我々の議論に密接に関係するのは、リードの結論の二つ目の方である。あなたが鉛筆でものを書くとき、あなたは世界中にいる何百万の人々の労働投入から、利益を享受しているのだ。その何百万の人々のほとんどは、自らが鉛筆の製造を援助してきたとは考えもしないし、自分がそうすることにより、あなたが字を書いたり絵を描いたりする助けとなっているのだ、などとは夢にも思わない。しかし、彼らの労働と知識が生む利益は、はるか遠方にまで届くのだ。このことは、我々のほとんどに当てはまる。我々一人ひとりが担うのは小さな役割だが、我々の行為は、何百万の人々を利する。我々は、自身の顧客や雇用者だけを利しているわけではないのである。

経済、文化、社会、政治などに関する善や財の束をリベラルな社会の市民は受け取る。リベラルな社会の市民のほとんどは、他者が受け取る束に寄与している。しかし、その寄与の方法は、それぞれに異なっている。こうした束を形成するにあたって市民がいかに寄与するかについて、リベラリズムは、分業を推奨しているのである。

投票や集会、運動支援、正戦での闘争、議員への嘆願、編集者への手紙、選挙への出馬などにより、政治的な善や財を提供する市民もいる。ボランティア活動やコミュニティ・オーガナイジングによって、公共的福祉を提供しようとする者もいる。多かれ少なかれ、これらの活動は、市民的徳の共和主義的な構想において論じ尽くされている。

しかしながら、他者が欲する財やサービスを提供する生産的な仕事で働くことによって社会的余剰に寄与することも、人には可能なのである。文化やカウンター・カルチャーを創り出すことで、社会をより面白く価値あるものに変える人もいる。（単に民主的あるいは政治的徳を教え込むという形ではなく、）自身の子どもをきちんと育てることによって、共通善を涵養する人もいる。などなどだ。

芸術家、起業家、小企業のオーナー、ベンチャーキャピタリスト、教員、医者、知識人、株売買人、専業で家事をする親、働いている親、料理人、清掃員、食料品店の店員、などといった人を想起してほしい。これらの人々はそれぞれに、様々な方法で、価値ある社会の成長に寄与しているのである。彼らはそれぞれに、その社会にいる他者が受け取る善や財の束の形成を助けているのだ。様々な種類の仕事を通じて、彼らは社会構築のプロセスに従事している。うまく機能するリベラル社会の共通善、すなわち、他の市民の生活が円滑にいくための機会や富という背景的条件の形成に、彼らは寄与しているのである。消防士、警察、ボランティア、公務員、軍の兵士、活動家、投票者などの多くが、共通善を涵養している。しかし、共通善を涵養しているのは、彼らだけではないのである。

良い統治は公共善・公共財（つまりは非競合的で非排除的な財）である。しかしだからといって、その善や財から利益を享受する社会のメンバーの全員が、その善や財に直接的に寄与せねばならないということにはならない。市民はそれぞれ、社会から善や財の束を受け取る。しかしこのことは、それぞれの市民がそれらの善や財の対価を同じ形で支払うべきだ、ということを意味しないのである。論証のため、市民が社会に対し、受け取った善や財の対価を支払う責務を負っている、としよう。たとえ責務を負っているとしても、そうした責務を果たす方法は、数多く存在する。良い統治を提供することで責務を果たす市民もいれば、良い文化の提供によって果たす者もおり、また経済的好機の提供により果たす者もいる。こうした他の種類の善や財を提供する市民は、良い統治の提供にただ乗りしてはいない。むしろ、彼らは、別の種類の善や財によって、その善や財の対価を支払っているのである。

ミケランジェロやルイ・パスツール、あるいはトーマス・エジソンが、投票を全くせず、政治参加も全くせず、ボランティアも全くせず、そして事務的なミスにより、納税も全くしなかった、としよう。このことだけで、彼らは共通善に寄与することができなかったのだ、ということにはならない。むしろ反対に、彼らはそれぞれ、平均的な政治家や、活動的で参加意識の高い民主主義者よりもはるかに、共通善に寄与したのである。ミケランジェロ、パスツール、あるいはエジソンが投票や政治参加をしなかったとして、このことは彼らが完璧な市民的徳を持たなかったということを意味するかもしれないが、それでもなお、彼らは卓越した市民的徳を持っていた、ということになりうるのである。(これは彼らの動機に部分的に依存することになるであろう。) 彼らはそれぞれ、自らが特別に卓越しているものに集中することによって、政治を通じた場合よりもはるかに、共通善のために多くのことをなしたのである。

ペリクレスは、その有名な葬送演説の中で次のように述べている。すなわち、私的行為は政体にとって有害となりうるが、有益な公共奉仕を行うことにより、埋め合わせをすることが可能である、と。もしそうだとしても、その反対の考え方を受け入れない理由は、ほとんどないように思われる。〔すなわち、〕私的行為は、政体にとって良いものたりえるし、また、社会的に有益な私的活動を通じ、直接的な公共奉仕の穴を埋めることが可能なのである。我々は、ペリクレスのような人々だけが共通善を推し進めることができる、と考えるべきではないのだ。「奉仕の生」ではない生き方もまた、他者に奉仕するのである。

政治活動に対して市民が費やしている時間や努力は、共通善を犠牲にしてしまう可能性がある。[29] 仮想的な事例として、医師のフィリスを考えてみよう。フィリスは天才である。彼女は絶え間なく医学上の新発見をする。社会はフィリスが共通善に寄与することを望むであろうが、それは医学に勤しむ時間を削ることによってではないし、地域の無料クリニックでボランティアをすることによってでさえない。そして、フィリスが公共精神を持っているならば、おそらく彼女は、政治に時間を浪費することをしないだろう。代わりにその時間を医学に費やす方が、彼女はより多くの善をなすであろう。

フィリスの事例は極端なものである。しかし、その原理的な部分は一般化可能である。政治への従事は、常に一定の機会コストを伴う。そしてときに、そうした政治への従事によって共通善に総合的な損失がもたらされる、ということをこの機会コストは示すであろう。市民をより政治（あるいは典型的な「市民的」活動）へと巻き込んでいくことは、しばしば、彼らがより良いことをなしたであろう他の活動に、彼らがあまり従事しないようにする、ということを意味する。どんな市民に対しても、他の市民が何をしているか、何を得意としているかに照らして判断していくならば、自身が共通善に寄与するにあたっての、最適となる政治的・非政治的方法の組み合わせが見つかるであろう。ある市民にとってこれは、他のものを追求することを取りやめてでも、深く政治に従事していくことを意味するだろう。別の市民にとっては、非政治的な活動を自由に追求できるよう、政治に一切従事しないことを意味するだろう。ほとんどの市民にとっての最良の組み合わせは、政治への従事と非政治的なものへの従事を何らかの形で複合したものとなるであろう。それぞれの市民が寄与する方法は異なるかもしれないが、彼らは皆、総じてみれば同程度の市民的徳を示すことができるのである。

フィリスの例によって、公共精神を持った市民ならば、自身が従事することによって正の期待限界効用が生まれる活動にのみ従事するだろう、ということを示そうとしたわけではない。むしろ反対に、一定数の市民が良い投票をすることは、重要なのである。しかしながら、もし個々の市民が、共通善に対する彼らの投票一つひとつの期待効用にのみ基づき投票するか否かを決めたとすれば、投票する者はいなくなるだろう。たとえもし個々のインプットが十分に共通善に利益をもたらさないとしても、全体として共通善に利益をもたらす活動というものがあり、そこには良い投票も含まれる。おそらく、市民的徳についての良い理論であれば皆、次のような点を説明する必要があるだろう。すなわち、公共精神のある市民が、個別に有益となる活動ではなく、集団的に〔行為することではじめて〕有益となるこうした活動への従事を選択すべきなのはいつか、である。市民的徳についての完全な理論ならば、この問題を解決するはずだ。私はここで、この問題を解くつもりはない[30]。むしろ私の主題は、次のような点を示すことにある。すなわち、あらゆる人を政治に参加させることによって共通善に機会コストが生まれてしまうこと、そしてそれゆえに、我々は、共通善に寄与する様々な方法のバランスをとるよう欲するようになるだろう、ということである。そうしたバランスをどう達成するのが最良であるかは、興味深い問いである。しかし、もし我々がその問いに取り組んでいるのだとすれば、既に我々は、市民的徳の共和主義的な理論から、政治外的な理論へと移行していることになるのだ。

良い統治への間接的な寄与

市民的徳の共和主義的な構想に固執する人で、次のように主張する人もいるかもしれない。すなわち、市民的徳とは単に共通善を涵養するものなのではなく、共通善の政治的な部分を涵養するものなのである、と。この主張を認めたとしよう。しかしそれでも、直接的に政治的な手段を通じて、市民は共通善の政治的部分を涵養すべきだ、ということにはならない。たとえもし「市民的徳」を狭く定義し、政治的な善や財を涵養しようとする性向と定義したとしても、このことから、論理的な問題として、市民的徳を持つ市民は政治に従事せねばならない、ということにはならない。むしろ、政治的な善や財を涵養する最良の方法が政治参加を通じてのものであるのかどうかは、未解決のままである。

分業の狙いの一つは、人々が自由に自身の得意なことができるようにする、あるいは少なくとも、何かしらの役立つことをするのが得意となれるようにすることである。健康に生きるために、魚とリンゴの両方が必要である、と仮定しよう。クエンティンが漁獲に、またピーターはリンゴの栽培にそれぞれ専門分化しており、そして彼らが取引に同意するとする。これによって、概して彼らは、個々で取り組むよりも多くのリンゴと魚を享受することができる。リンゴの栽培にピーターが専門分化することにより、クエンティンは漁獲に専門分化することが可能になる。逆もまたしかりである。直接的にピーターが栽培しているのはリンゴだ。しかし間接的に彼は、魚の収穫に寄与しているのである。直接的にクエンティンが収穫しているのは魚だ。しかし間接的に彼は、リンゴの収穫に寄与しているのである。

別々の仕事を市民が得意にすることができるのは、彼らが〔何かに〕専門分化することを他の市民が可能にしてくれているからなのだ。こうした相互協力関係は、政治にも拡張される。良い統治を生み出すことに直接的に注力する人々は、こうした注力を可能にする善や財を提供してくれる人々からの支援を受け取っているのである（そして逆もまたしかりである）。

マーティン・ルーサー・キング・ジュニアは、卓越した市民的徳の持ち主であった。しかし、食べ物や服、住まいや交通手段、そしてさらには彼の運動の根底にある基本的哲学の多くを他者が提供してくれなかったならば、彼は政治改革に集中することができなかったであろう。リベラルな社会は、相互に利益を与え合う取引のシステムを形成している。こうした相互協力関係のネットワークの帰結の一つは、次のとおりである。すなわち、ある市民がある一つの種類の善や財を生産するのに直接的に寄与しているとき、そうすることによってその市民は、他の種類の善や財の生産に間接的に寄与しているのである。経済的好機〔の形成〕に直接的に寄与している実業家は同時に、その寄与によって、間接的に良い統治にも寄与することができる。知の発見に直接的に寄与している大学教授は同時に、その寄与によって、間接的に良い統治に寄与することができる、などなどである。

したがって、たとえ、市民的徳とは政治的な善や財を涵養することなのだ、と主張したとして、直接的にせよ間接的にせよ市民がこれらの善や財を涵養すべきであるのかは、未解決の問題のままなのである。政治的な善や財は、（食べ物や芸術、技術といった）他の善や財のほとんどと同じで、全ての個人にそれら一つひとつを直接的に提供させることに価値がないものであるかもしれない。現市民には誰しも、直接的・間接的に政治的な善や財を提供するにあたっての最適な度合いというものがあろう。ある市民にとっては、これは直接的な寄与に集中することを意味しよう。別の市民にとっては、直接的な寄与は全く無視して、間接的な寄与に集中することを意味するだろう。大多数の市民にとっては、次のような意味となろう。すなわち、時には直接的に――おそらく数年ごとの投票によって――政治的な善や財に寄与するが、ほとんどの時間は一般的な市民が過ごすと考えられているような類の生活を過ごすことである。

また、状況が変化した場合には、直接的に政治に関与していなかった市民が、より政治に関与する理由を持つかもしれない、ということを認めることもできる。全員を軍隊に入らせることには意味がない。しかし、強力な外国の戦力が攻めてくる、という危機にあるならば、市民が私的活動から軍の奉仕へと移行することには意味がある。同様に、通常下での政治では、市民の政治参加はわずかにしか必要とならないだろうが、例外的な危機では、より多くの関与が要求されるだろう。

数多くある善や財やサービスを対価として提供することにより、市民は社会に対する責務を果たすことができる、と私は論じてきた。市民は、文化的な善や財には文化的な善や財で、政治的な善や財には政治的な善や財で支払いをせねばならない、ということはない。政治的な善や財を文化的な善や財と、あるいは経済的な善や財を政治的な善や財と交換することは可能なのである。とはいえ私は、GDPを増加させることで殺人の埋め合わせができるとか、優れた芸術を生むことによって窃盗の償いができるなどと主張してはいない。この章において私が社会に対する責務を果たすことについて語るとき、私は、市民として生涯にわたり受け取る善や財の束やサービスへのただ乗りを回避するために一般的に何が必要となるか、について議論しているのである。これは、ある人が他者に与えた危害を補塡する、あるいは過去の失敗を償うといった、矯正的正義についての理論ではないのである。

共通善の非個人主義的な構想

共通善の個人主義的な構想を私は支持する。例えば、私は平和を共通善であると考えるが、それはほとんど全ての人を利するからである。社会を構成する個々人から乖離したものとしての社会を利するからではない。前節で述べたように、これは共和主義者（全員ではない）と私の間で争いとなっている論点の一部である。〔以上のような共通善についての議論を〕一目見て、次のように考える人もいるだろう。すなわち、より強い意味で集団主義的である共通善の観念が正しいのだとすれば、これによって、共通善の政治外的構想よりも共和主義的な構想の方が正しいということになろう、と。〔しかし、〕そうはならないのである。

近時の論文において、ブレナンとロマスキーは、数多くの共通善の構想や、共通善と呼びうるものについてのサーベイを行っている。リベラルと共和主義者の間には重要な同意がある、ということに彼らは目を向ける。例えば、リベラルも共和主義者も、一定の公共善や公共財、すなわち軍事防衛のような非競合的で非排除的な財が共通善を涵養できる、ということを受け入れうる。「本質的に社会的な善や財」、すなわち、メタリカのコンサートをともに観る経験といった、他者とともにでなければ享受できない財を享受する機会を増やすことによって、共通善の涵養が可能である、ということにも両者は賛同しうる。社会関係資本が重要だという点でも、両者は一致しうる。

ほとんどのリベラルは受け入れないが、共和主義者の一定数が受け入れるものがある。すなわち、ブレナンとロマスキーが「強い意味で還元不能な社会的善や財」と呼ぶものである。[31] Xがある社会Sにとっての強い意味で還元不能な共通善である、といわれるのは、次のような場合のみだ。すなわち、

XがSにとって良いものであり、かつXがSにとって良いものであることが、Sに属するいずれのメンバーにとってもSが良いものであることに依存していない、という場合である。例えば、おそらく古代スパルタの卓越した軍事力は、強い意味で還元不能な共通善であった。その軍事力の維持によって都市は貧しくなり、市民の道徳的発達も妨げられた。しかし、スパルタの誰にとっても良いものではなかったにせよ、おそらくそれはスパルタにとっては良いものであった。強い意味で還元不能な共通善などというものは存在しない、とリベラルは考える傾向にある。(リベラルは、社会はそれ自体で善を持つようなものではないと考える傾向にある。) しかしながら、たとえ強い意味で還元不能な共通善が存在するということを受け入れるわずかなリベラルでさえ、それらの善が偶然にも個人にとって良いものになる、ということがない限り、それらの善が社会政策の基礎をなすべきだということを否定する傾向にある。リベラルは、多かれ少なかれ、その定義からして、次のように考えるものである。すなわち、社会政策は、個人の利益から離れて存在する社会的利益の観点からではなく、個人の利益という観点から正当化されねばならない、と。

しかしながら、強い意味で還元不能な共通善というものがあり、これらの善は追求されるべきものであって、そしてこれらの善は政治を通じてのみ達成可能である、とある人が (私が思うに間違ってであるが) 信じているとしよう。たとえこの場合であっても、市民的徳の非政治的構想が誤りであるとか、共和主義的構想が正しいとかいうことにはならないだろう。既に論じてきたように、非政治的活動に従事する市民は、それによって政治的な善や財を間接的に涵養することができる。たとえもし強い意味で還元不能な共通善を含むものとして共通善を理解する場合でも、これは成立する。この明白な例を、古代スパルタが提供してくれている。スパルタの市民がスパルタ軍の力を維持することができたのは、食べ物や住居を提供してくれる奴隷に頼ったからにほかならない。たとえ、軍事力が古きスパルタの共通善であった、と誰かが主張したとしても、その軍事力を奴隷が間接的に供給していたことは、依然として事実である。もしスパルタ兵が農耕に勤しまねばならなかったのなら、彼らはあれほど強大になりはしなかっただろう。

この論点はおそらく、他の強い意味で還元不能な社会的善や財にも及ぶものであろう。たとえそれらの善や財が政治的活動を通じて形成されるのだと仮定しても、それらの善や財を形成する人々がそうすることができるのは、他の善や財を形成してくれる者たちに助けられ、そうする力を与えられているからにほかならない。したがって、市民的徳の政治外的構想についての私の論証は、私の個人主義的で集計的な共通善の構想に依存してはいないように思われる。

個人のコストか、公的な利益か？

共通善に対する私的な寄与が看過されやすい理由の一つは、しばしばそうした寄与が、その寄与をした者にとって極めて明白な利益をもたらしてくれるものだから、あるいは少なくともコストがほとんどかからないものだからである。しかし、ある活動によってもたらされる利益と、そうした活動によってその主体が負うことになるコストの間には、隔たりが存在する。寄与を生み出す際のコストによって、その寄与の価値を測ることはできないのである。ジェーンは、ケリーが四〇ドルとしか評価しない贈り物を、一〇〇ドル支払ってケリーに購入するかもしれない。あるいは、ジェーンが一〇ドル支払った贈り物を、ケリーは四〇ドルと評価するかもしれない。ジェーンは、ケリーが四〇ドルと評価する贈り物の作成に一〇ドル支払うかもしれないが、その作成経験に八〇ドルを喜んで支払ったであろうほどに、その贈り物の作成を楽しむかもしれない。どの場合も、贈り物をした側のコストは異なっているが、受け取った者にとっての贈り物の価値は四〇ドルである。

ルークが、投資銀行家ではなく警察官になることで社会に寄与しよう、と決めたとする。給与や危険の違いに鑑みれば、彼はおそらく個人として、より高いコストを負担することになるだろう。しかしながら、警察官になるというルークの選択によって、社会はより多くを得る、ということにはならない。ましてや、平均的な投資銀行家よりも平均的な警察官の方が社会により多くの善をなす、ということにもならない。可能な限り社会に寄与することをルークが望むのであれば、彼が探すのは、自身が最も多くのコストを負担する役割ではないだろう。自身が最も善をなすだろう役割を、彼は探すであろう。

極論として、「無駄死に」した兵士を想起されたい。この兵士は、祖国のために全てを犠牲にした。しかし、その犠牲によって祖国は利益を得た、ということにはならない。共通善のために自ら進んで危険を受け入れる兵士が示しているように、おそらく、平均的な私的市民よりも平均的な兵士の方が、より多くの市民的徳を持っているだろう。しかし、だからといって、平均的な市民よりも平均的な兵士の方がより善をなす、ということにはならない。また、たとえもし平均的な兵士がより多くの善をなすのだとしても、個々の市民の全員が、市民よりも兵士となることによってより多くの善をなすだろう、ということにはならない。ある活動にかかる個人的コストは、それがもたらす公的な利益と正確に一致するものではないのである。

市民的徳を持つには、共通善の涵養のために一定のコスト負担をする意思があることが必須となる。このことは、実際にこれらの負担をせねばならないということを意味しない。そうではなく、ただそれらの負担をする意思があることが、要求されるのだ。ある人の苦痛の大きさは、その人がどれほどの市民的徳を持っているかを正確に測るものではない。共通善のために自らの利益を犠牲にすることが全くなくとも、高度な市民的徳を持つことは可能なのである。同様に、親の徳を持つには、子の利益を涵養するために一定のコスト負担をする意思があることが必須となる。しかしながら、子の利益のために自らの利益を犠牲とする意思を正しく持っている父親が、そうした犠牲を全く払わなくてもよい、ということがありえる。というのも、子どもらの行儀が非常によく、彼は子育てを楽しむことができ、そして豊かな経済的・社会的環境の下にいる、ということがあるからだ。よって、ある市民が共通善の涵養にあたって大きな個人的コストを支払っていないのを見かけたとして、彼らが市民的徳に欠ける者たちだ、と即断することはできない。彼らは、個人的な犠牲を払ってでも共通善を涵養する意思を正しく持っているが、しかし状況が、彼らに犠牲を求めるということがなかった、ということなのかもしれないのである。

また、社会に対する責務を果たすため、自己利益を犠牲にすることが常に必須となる、というわけでもない。十分に価値のある善や財、奉仕を対価として提供することだけが、必須となるのである。それらの善や財、奉仕の提供を図らずも楽しめたとすれば、自己利益を全く犠牲にすることなく、自らの責務を果たすことができるだろう。それによって責務の水準が変わることはないし、責務を果たたしたか否かが変わることもない。（並行して、次のような想定をしてみてほしい。夕食代について、私はあなたに借りがあるとする。私はあなたを夕食に連れていくことによって、それを返す。図らずも、あなたを夕食に連れていくことが利益となったと感じるほどに、あなたと一緒にいるのを私が楽しむとする。それでもなお、私は借りを返している〔ことに変わりはない〕のである。）

次のような見解もありうる。すなわち、市民が責務を果たしたか否かは、その寄与した価値によってではなく、寄与するにあたって負担したコストによって判断される、と主張するものである。この見解では、いくつかの歪んだ結論が導かれてしまう。この見解では、政治やボランティア活動、生産的な仕事への従事、そして良い隣人であることを楽しんでいる、利他的で向上心を持った意欲的な人は、責務を果たすにあたって数多くのことをせねばならない、ということになってしまう。また、たとえ自らが楽しんでいる活動よりも公的な利益を生まない活動だとしても、公的な利益を生む活動で自身が大嫌いなものを見つけ出し、自らが楽しんでいる活動の代わりにその活動をせねばならなくなる、ということになるだろう。あるいは、私の妻の友人であるカトリーンのことを考えてみよう（カトリーンは偽名である）。その生涯にわたって、カトリーンは数多くの資源を与えられ、優れた学校に通い、そして高価な財を数多く消費してきた。しかしながら、彼女が働いたのは、生涯でたった六カ月間のパートタイムの仕事のみである。（他に社会の利益になるようなこともほとんどしていない。）カトリーンは怠惰であり、またやる気もない。生産的であることが好きではないのだ。彼女はほとんど何もしてきていないのだが、やってきたわずかな仕事やボランティアについてすら嫌ってきた。社会に対する責務を果たす方法は一定量の苦痛を味わうことである、と考えるのであれば、カトリーンは十分な苦痛を味わったのだからその責務を果たした、と結論することになるだろう。この結論は不条理であるように思われる。より理に適っているのは、次のように考えることだ。すなわち、社会に対する責務を果たす方法は、社会のために苦痛を味わうことではなく、自らがいることによって、社会をより良いものに変えることなのである、と。

市民的徳における動機付けに関する要素

市民的徳には、動機付けに関する要素がある。共通善に多大な寄与をしつつも市民的徳は欠いている、ということがありうるのだ。徳のある主体ならば、自らがしていることについて正しい動機を持たねばならない。例えば、個人的利益を求めてのみ他者を助ける人は、慈善的ではない。私的活動を通じて市民的徳を発揮する市民であるためには、共通善に寄与するだけでは不十分なのである。共通善への寄与が、唯一の目的ではないとしても、主たる目的のうちの一つでなければならないのだ。市民的徳を持つためには、自己利益を犠牲にしてでも共通善を涵養する、という意思がなければならないのである。(この意思が果たしてどれほど強いものでなければならないか、については論争があるところであるが、ここでそれに決着をつける必要はない。)共通善に関心を持たない、あるいは敵対的である人は、たとえ現実に共通善を大きく進展させるのだとしても、市民的徳を持つことはできないのだ。(32)

したがって、もしミケランジェロが他者のために世界を良くすることに関心がなく、芸術のためだけ、あるいは報酬のためだけに芸術を大切にしてきた、ということが明らかになるのだとすれば、準じて彼の芸術的努力は、それがどんなに価値あるものであるとしても、市民的徳の発揮ではない、ということになるだろう。しかしながら、もし他の関心（金銭や名声、美学や愉悦）に加えて、政体の共通善の涵養に彼が大いに動機付けられていたのであれば、彼は市民的徳を実践していた、ということになる。ある人が社会に変化をもたらすことや社会を改善することを目的としている限り、その人は、市民的徳の発揮を始めている、ということになるのだ[33]。したがって、市民的徳の政治外的構想は、次のように示唆する。すなわち、人々が正しい動機を持っているならば、公的な利益をもたらす広範な私的活動も市民的徳の発揮となりうるのである、と。政治外的構想には、共通善を涵養する者ならば誰でも市民的徳を持つ、という馬鹿げた含意はないのである。

市民的徳の政治外的構想はどれほど負担となるか？

市民的徳を保持するためには、共通善の涵養に向けての十分に強い動機を持つことが要求される。これにあたって二つの疑問が残されている。第一に、市民的徳は果たしてどれほど重要なのか、であるのだろうか？　誰もが皆、共通善を持つべきなのだろうか？　また果たして皆はどれほどの共通善を持つべきなのだろうか？　第二に、ある人が市民的徳を持っている［といえる］ためには、その人の共通善の涵養に対する動機はどれほど強いものでなければならないのか、である。すなわち、市民的徳を保持していると認定されるために、果たしてその人は、どれほどの自己利益を喜んで犠牲にせねばならないのだろうか？　これらは重要な問題であり、完全な市民的徳の理論が、それらに対する答えを出してくれるであろう。しかし、私はここでそれらに対する答えを出すことはしない。なぜなら、その答えは、本章における私の目的に対しては必要がないものだからである。

読者の皆さんは、次のように結論したくなるかもしれない。すなわち、市民的徳の政治外的構想は、決定的に負担になるものではない、と。徳や規範は、ある主体が利用可能な選択肢に制約・制限をかける程度に応じて、負担になる。また、徳の保持や規範の順守により主体にコストを発生させる程度に応じても、負担になる。例えば、快楽主義的な行為功利主義は、〔あまりに〕負担が大きい、としばしば非難されている。快楽主義的な行為功利主義は、次のように主張する。すなわち、主体は、生きとし生けるもの全ての最終的な快楽を最大限に生み出すよう行為せねばならない、と。この見解は、道徳的主体が選びうる行為を大きく制限するため、窮屈なものになりやすい。また、コストも大きなものになりやすい。なぜなら、しばしば他者のため多大な犠牲を払うよう、主体に求めるからである。

市民的徳の政治外的構想の負担が大きいかどうかは、私が先に挙げた問いに対する答えによって決まる。一見したところ、市民的徳の政治外的構想は、共和主義的構想に比べて負担になるものではないように思われる。とどのつまり、政治外的構想とは、市民的徳を発揮する方法をより広げるものである。したがって、政治外的構想は、政治を楽しめない市民が、共通善に寄与するにあたって、別の、より楽しめる活動を選択することを許容することになる。ゆえに、一見したところでは、政治外的構想は、市民的徳についてのより制約が少ない見解となるのである。〔加えて、〕政治外的構想が、市民的徳を発揮する方法についてより多くの選択肢を市民に与えている、ということを踏まえるならば、この構想は、市民的徳の発揮にあたって、よりコストのかからない方法を選べるよう市民に対して選択肢を与えている、ということにもなるのである。

しかしながら、もう少し深く道徳哲学に取り組み、私が〔ここで〕提起した問いへの回答を試みることにしよう。〔そうして〕これらの問いに答えるならば、市民は最大限の市民的徳を持つべきであるということ、また、共通善のために多くの犠牲を払う用意をすべきだということが明らかになるだろう。そうなれば、市民的徳の政治外的構想は、市民的徳についてのこうした他の主張と組み合わせられたとき、ある市民は詩人ではなく外科医にならねばならない、またある市民は裕福な地域ではなく貧しい地域で働くことを選ばねばならない、といったことを示唆するようになるだろう。原理的に、市民的徳の政治外的構想は、非常に負担になりうるのであり、さらには、市民的徳の共和主義的な構想よりさえも負担になりうるのだ。政治外的構想が負担になるかどうかは、良い人になるために市民的徳がどれほど必要となるか、また、市民的徳を持つためにはどれほどの犠牲を喜んで払わねばならないのか、に依存する。市民的徳についてのこれらの問いは、私がしようとしている論証に必要ではないので、ここではこれらの問いに対して答えることはしない。私はただ、次のような点を明らかにすることにしたい。すなわち、政治活動は市民的徳に不可欠なものではなく、そして、政治的善や財へのただ乗りの回避は、政治的善や財を直接同じように提供せずとも可能なのである。

したがって、〔これらの問いへの答を求める〕代わりに、次のような仮定をしてほしい。すなわち、社会のために自らの利益を犠牲にし続けることが、市民的徳に必須ではない、と明らかになったとする。（ここまで論じてはこなかったが、この結論は正しいと私は考えている。）もしそうならば、市民的徳の政治外的構想は、これから私が論じていくような、いくつかの魅力的な特徴を持っている、ということになる。

リベラルな社会は、次のような目的を持っている。すなわち、それぞれに異なった善のヴィジョンを追求しつつも、人々が平和に、また繁栄の中でともに生きられるよう支援する、という目的である。リベラルは、理に適った市民が自らの善の構想を実現するにあたってぶつかる障害を最小のものとしようとする。またリベラルは、そうした市民の追求が成功するチャンスを広げようとする。

政治参加は、多くの人々の心に訴えかける――彼らはそこに、自分の居場所を見つけるのである。とはいえ、〔他の〕多くの人にとっては、そこは相容れない場所なのだ。彼らは、何か変化を生みたいと考えているのだが、しかしそれは政治参加という場所においてでも、政治参加という方法によってでもないのである。多くの人にとって、政治はストレスに満ちた嫌悪の対象、あるいは単に退屈なものなのだ。リベラルは、可能な限り、全ての人が政治へと大きく従事することを必須とするような制度の形成を避けようとするだろう。リベラリズムにおいては、〔社会に〕寄与するにあたって、自分なりの方法を見つける自由が市民に認められている。リベラルのプロジェクトとは、何よりも、次のような制度的枠組みを形成することなのだ。すなわち、仲間の市民に対しての自らの価値を高める、より優れた方法を見つけ出すことが、自身の利益を涵養する最良の方法となる、そうした制度的枠組みである。しかしそれは同時に、人々が自らの道を自由に選べる状態にしておく、ということでもあるのだ。

政治哲学者や政治学者、またその他多くの社会科学者は、しばしば、より多くの政治参加を主張する(34)。彼らはよく、市民が政治についての熟議や政治への従事に多くの時間を割いている社会を、良い社会として描き出す。彼らが正しい可能性はある。しかし、彼らは、そうした主張をするとき、疑いを持ち、自己批判的になるべきなのである。こうした社会理論家たちにとって、政治は、どんな形であるにせよ、居心地の良い場所だ。そうであるがゆえに、皆が彼らと同じようにするよう勧めることには、慎重であるべきなのである。というのも、政治が他の者たちにとっていかに嫌なものであるか、彼らは看過してしまいやすくなっているからだ。（もしパーソナルトレーナーが政治哲学を書くとすれば、彼らは政治的な熟議を重要視することをせず、代わりにエクササイズの価値を強調するであろう。[35]）

私の市民的徳の構想は、ほとんどの市民的徳の構想に比して、平等主義的なものである。私の考えによれば、市民的徳とは、法律家や政治家によって体現されるような類のものではない。そうではなく、市民的徳は、たとえ政治を担う能力を持っていないとしても、誰しもが持つことができるものなのである。

ロマスキーとブレナンが論じているように、「他者への影響の大きさや、成功に必要となる経験の深さに鑑みるならば、政治的手腕は、たやすく身に着けられるものでは全くない。[36]」政治参加には、時間と努力が必要となる。とりわけ、共通善を害するのではなく、その助けとなるような参加はそうである。アクティヴィズムについて考えてみよう。良い活動家であるためには、何らかの根拠を支持するだけでは不十分であり、正しい根拠を支持せねばならない。このためには、次のようなことが必須となる。すなわち、自身が支持する根拠を評価するのに必要となる、社会科学的・哲学的な諸問題についての重要な知識を一定程度持つこと、である。政治学、経済学、哲学はいずれも価値ある取り組みだ。しかし、それらを基礎的な理解レベルまで学ぶことでさえ、多大な投資が要求されるのである。

個人にとって、この投資は、大きな機会コストとなる[37]。時間とは希少なものだ。多くの場合、政治的徳を育むのに用いた時間は、私的な追求に費やすことが、すなわち、子どもと遊んだり、大学で単位を取得すべく努力したり、ギターを学んだり、ガーデニングをしたり、芸術の才能を育んだり、といったことに費やすことができなくなる。政治を学んだりそれに従事したりを楽しむ市民も、もちろんいるだろう。（とりわけ、最終的に、誰もが政治を学ぶべきであると主張する政治理論を執筆するような市民はそうであろう）しかしながら、多くの市民にとっては、政治は嫌でたまらないものなのだ。これは、多くの市民にとって、自動車整備士や数学者として働くことが嫌でたまらないのと、全く同じである。

これは政治への従事に対する、不公正な不満であると思われるかもしれない。しかし、さらに強い主張をしている共和主義者がいることに、我々は気が付くだろう。〔そうした共和主義者の一人である〕オールドフィールドは、「市民性の実践……は、人間にとって自然的ではない実践である」と述べた上で、人々は「市民性の実践に従事する前に、「自然的」な性格を「破壊され」ねばならない」というルソーに賛同するのである[38]。このように〔自然的性格を〕破壊することに対して、オールドフィールドは賛意を示しているが、それをリベラルが不快に思うであろうことについて、彼は認識している。とはいえ、リベラルは次のように応答することが可能である。すなわち、単にルソーの市民性の理想が狭隘すぎるから、そのように〔自然的性格を〕破壊することが必須となってしまっているのだ、と。政治外的理論のように、より広い、より拡張的な構想であれば、自然な自分自身の大部分を切り捨ててしまうということもなく、多くの人々を包含する余地が見出されるだろう、というわけで

ある。(39)

うまく機能しているリベラル・デモククラシーの中に住まうことは、大きな恩恵なのであり、また市民が感謝すべきものでもある。しかし、それほどにリベラル・デモクラシーに価値があるのは、それが全てではないにせよ、全員が多大な時間を政治参加に費やすことをリベラル・デモクラシーが要求していないからである。リベラル・デモクラシーは、人々が政治から完全に身を引くことすら認めているのだ。民主的な政治のポイントとなるのは、民主的な政治〔それ自体〕ではない。理想的には、リベラル・デモクラシーは、自由かつ平等である自らの立場を十分安全に保つにあたって、人々の多くが自由に政治の回避を選択できるようにする。リベラリズムは、一般人が政治に無関心でいることができる、という希望を体現したものなのである――なおおそらくこの希望は、自由かつ平等である自らの地位に対する小さな脅威に対し、全ての人が無関心になるというものではなく、一般人が無関心でいることができるというものである。現実のリベラルな社会は、その理想に追いついてはいないのだが、しかし同時に、市民の自由かつ平等な地位の保護について、非常にうまくやっているのだ。

市民的徳の政治外的構想によって、リベラルは、J・G・A・ポーコックや他のコミュニタリアンからの批判に応答することが可能になる。ポーコックは、ポリュビオスを好意的に引用しつつ、次のように述べる。すなわち、現代のリベラル社会は、人々を私的な目的に駆り立ててしまうことで、市民的徳を毀損する傾向があるのだ、と。(40)市民は集会にではなく、家路へと向かっていく、というわけだ。こうした批判に対して、市民的徳の政治外的構想は、市民の私的な目的の追求も市民的徳を発揮する方法となりうるし、またそれはどのようにしてなのか、を示してくれるのである。

現代のリベラリズムの成功は、（少なくとも競合する枠組みよりも多く、）私的な善と共通善を調和する数多くの方法を見つけ出し、そしてその結果、慈善行為の個人的なコストを引き下げたことにある。リベラルな社会とは、次のような制度的枠組みである。すなわち、そこにおいて一人ひとりの個人は、他者の様々な善のヴィジョンに同時に資するようなやり方をとってこそ、一般的に見て自分たちの善のヴィジョンを最大限に実現することができるのである。(41) リベラルな制度は、自己利益と対峙するのではなく同じ方向で働く、といったことによって、道徳的動機が最小限で済むようにしようとする。市民的徳の政治外的理論は、公共善や公共財の涵養それ自体が選択の強い動機になるのであれば、自分が最も心地好いと思う方法で、公共善や公共財を涵養するという選択ができることを市民に許容するのである。

次のような想定をしてみよう。すなわち、リベラルな社会の市民についていくつかの統計調査を実施し、市民の多くは、公共善や公共財に無関心であるように思われる、という発見をしたとしよう。我々は、この結果が、市民が誤って市民的徳の共和主義的モデルを受容していることにどれほど起因するものなのか、と真面目に疑ってみてもいいかもしれない。我々は、市民が次のように言うのを想像できる。「うーん、良い市民になる唯一の方法が政治参加することだけなのだとすれば、私は良い市民になりたいとは思わないなあ。」その市民は、共通善の配慮には政治への従事が必須だという見解を内面化してしまっているために、自分は共通善に配慮していないのだ、と誤解してしまっているのかもしれない。そうではなく〔実際は〕、その市民は共通善によく配慮しているのであって、単にその〔政治への従事という〕特定の方法で寄与したくない、というだけなのである。

マイケル・ウォルツァーは問う。「市民性とは何であったのか」、と。[42] 市民性は、古代の共和主義的な社会においてのみ可能なものであった、と彼は言う。彼が主張するには、現代の市民性に対する苦悩は、政治についてごくわずかしか市民が配慮していないように見えることに起因する、何かが失われてしまったという感覚に起因するのである。彼は言う。この喪失感覚は、共和主義的な構想の復活へ向けた数多くの試みを鼓舞するのだ、と。[43] しかしながら、いま述べてきたような市民性は、まだ本当に失われてはいないのだ、と彼は付け加えている。というのも、リベラルな社会では、このような市民性が真に居場所を見つけることはできなかったからである。おそらくそうであろう。しかし、これはリベラリズムが公共善や公共財についての関心を育むことができなかったからだ、と考える必然性はない。そうではなく、リベラリズムは、異なる、より多様な、そして共和主義社会においてのみ育むことができたものよりも優れた市民性を育んでいる、ということなのかもしれないのである。

なぜ投票する義務がないのか?

市民的徳についての、また、リベラルな社会において市民がどのような役割を担っているかについての私の見解をここまで示してきた。この理論〔＝見解〕に基づきつつ、以下で私は、投票を擁護する三つの残存する論証に立ち返ることにし、そして、なぜそれらの論証が誤りであるのかを説明していくことにしたい。

〔まずは、〕行為者性に基づく論証について、思い出していただこう。

1. あなたは良い市民であるべきである。
2. あなたが良い市民であるためには、他の市民が十分な水準の福利を得て、理に適った公平な社会秩序の下で生きている、というだけでは十分ではない。むしろそれに加えて、他の市民がこういった十分な水準の福利等々を得ることに自らの力を役立てるような〔主体的な〕行為者であることが必要となる。
3. このことをなす〔つまり自らの力を他人のために役立てる主体的な行為者である〕ためには、あなたは投票しなければならない。
4. それゆえ、あなたは投票しないといけない。

本章での論証に照らせば、前提3が偽である、と結論することができる。投票は、正しい社会秩序をもたらすにあたって、また、他の市民が十分な水準の福利を保持するよう支援するにあたって、私が市民として因果的な責任を負うことのできる、数多く存在する方法の一つでしかない。よって、前提3はあまりに強すぎるものであり、したがって偽ということになる。投票は、前提2で述べられた義務を果たすにあたって、必須のものではないのである。

〔続いて、〕公共善・公共財に基づく論証についても、思い出していただこう。

1. 良い統治は公共善・公共財である。
2. 誰一人として、こうした善や財の提供にただ乗りするべきではない。これらの善や財から恩恵を受ける者は、その対価を支払うべきである。
3. 投票を棄権する市民は、良い統治の提供にただ乗りをしている。
4. したがって、市民の一人ひとりが投票すべきである。

これまでの議論に照らせば、市民的徳の政治外的理論が、こうした論証に対してどのように異議を唱えるかは明白であろう。前提3が偽である。市民は別の方法で寄与することが可能なのであり、したがって、ただ乗りの罪を負うことはない。非政治的な善や財によっても、自らが受け取る政治的善や財に対する支払いをすることは可能である。またさらに、非政治的な善や財の提供は、政治的善や財を間接的に提供する方法でもある(44)。

次のように想定してみよう。すなわち、市民的徳についてや、市民が自身の責務をいかに果たすかについての私の説明に、あなたが完全には納得していない、とする。しかしながら、あなたが公共善・公共財に基づく論証をもっともな代案だと考えるとしても、公共善・公共財に基づく論証には疑問が付きまとう。投票する義務がある、という積極的な主張をしている以上、公共善・公共財に基づく論証を提唱する者には挙証責任がある。したがって、公共善・公共財に基づく論証が成功するためには、その擁護者は、私のような見解が誤りであると証明する必要がある。非政治的な善や財を提供することによっては、良い統治への対価を市民は支払うことができない、と示す必要も出てくるだろう。非政治的な善や財の提供は、政治的な善や財を間接的に提供する方法とはならない、ということも示す必要がある。これらを示すまでは、挙証責任を果たした、ということにはならないのである。

政治への参加をせずとも、市民的徳を持ち、また社会に対する責務を果たすことは可能である、という私の結論をあなたが峻拒するとしよう。また、あなたが、良い統治へのただ乗りを回避するためには、良い統治に対する直接的な提供をせねばならない、と主張するとしよう。たとえそうなのだとしてもなお、私の論証は、投票する義務の擁護者に課題を突き付けるものとなるのである。政治に参加せずとも社会に寄与する方法が数多くあるのと同様に、投票せずとも良い統治を涵養する方法が、数多く存在する。公共善・公共財に基づく論証は、最善の場合であれば、直接的に良い統治を涵養する義務を導き出すことができるように思われる。しかし、投票は、この義務を果たす上で必須のものというわけではない。〔この義務を果たすにあたって、〕立候補する、選挙献金をする、あるいは市役所でボランティア活動をすることもできるのだ。

〔最後に、〕市民的徳に基づく論証を改めて考えてみよう。

1. 市民的徳は道徳的な徳である。
2. 市民的徳は投票を必須とする。
3. それゆえ、投票しない市民はそのことによって市民的徳の欠如を露呈しており、そしてそのことに応じて道徳的に非難されるべきである。

この論証は、市民的徳の共和主義的な構想やそれに類する構想に依拠したものである。しかし、これまでの議論に照らしたならば、市民的徳の政治外的理論が、この論証に対してどのような疑義を呈するかは明白であろう。前提2が間違っているのである。投票以外にも、市民は、様々な方法で市民的徳を発揮することができるのだ。

市民的徳に基づく論証の擁護者は、単に投票が市民的徳の発揮となりうると示すだけではなく、投票しないことはほとんど全ての場合に市民的徳を損ねることになる、と示す必要がある。擁護者が、これを示したことはない。そして、公共善・公共財に基づく論証の際と同様であるが、挙証責任を負うのは、その擁護者の方なのである。

次の点に注意されたい。すなわち、たとえもし、非政治的な手段を通じて市民的徳を発揮することは可能である、という私の主張が間違っているとしても、それでもなお本章の多くの部分は、市民的徳に基づく論証に対し問題を提起するものとなるのである。どのようにして市民が共通善を涵養するかにあたっての分業の重要性を、私は強調してきた。共通善は政治への従事を必須とするのだ、とあなたが主張するとしよう。(あなたは、公共精神を持った市民は、政治的な善や財を提供する必要がなく、また政治的な善や財を間接的に提供することができる、という私の主張を峻拒している。) たとえそうだとしても、市民が政治に従事すべきである、あるいは市民的徳にはそうした政治への従事が必要であると示すことと、ある特定の方法で政治に従事しなければならないと示すことは、全く別のことである。おそらくであるが、市民がどのように政治的な善や財を直接提供すべきかについての、最良の分業が存在する。ある市民は編集者に手紙を書くことにより、またある市民は活動によって、別の市民は政治哲学をすることで、そしてまた別の市民は投票によって、市民的徳を発揮することができるのである。

藁人形の論証・再訪

〔ここまで、〕投票する一般的な義務がある、ということに賛同する様々な論証を検討してきた。最も説得力のある論証は、自らの責務を果たすという考え方や、市民的徳という考え方に依拠したものであった。しかし、この章において示してきたように、それらの論証は、間違った市民的徳の考え方に依拠したものだったのである。

本章において、私は三つの論証に反論を加えた。これらの論証は、数多くの「藁人形の論証」の誤りに陥っていたのであった。これらの論証は、投票すること、とりわけうまく投票するには一定の機会コストがかかる、ということを看過していた。最良のことをなそうとする公共精神を持った市民は、時に、政治には従事せず別の活動に勤しんだ方が、より多くの善をなしうるのである。また、投票する義務を根拠付けるであろう基底的な義務、例えば、慈善と互恵の義務などは、投票以外の方法によっても果たされうるのだ。投票が公共精神のある行為となりうる、と示すのは容易い。しかし、市民的徳のために、投票が道徳的に強制されるものだとか、あるいは、必須のものであるとか示すことは、困難なのである。

投票する義務が一般的には存在しないという証拠をこれ以上示すことは、私にはできない。しかし、本章における論証は、私がここで検討した以外にも広範になされている、投票する義務を支持する論証を掘り崩す可能性を持つものなのである。投票を支持する多くの論証は、「自らの責務を果たす」

という考えに依拠している。しかし、これらの論証は、自らの責務を果たす方法がいかに数多く多様であるかを認識できていないのである。一般的に、投票する義務を支持する論証は、慈善の義務や公正の義務、あるいは互恵の義務という基底的な義務に基づいている。しかし、これらの基底的な義務は、投票以外の方法によっても、果たすことが可能なものなのである。

特別な状況下では投票する義務が生じうる、という主張は、私の見解と矛盾しない。投票する義務は絶対にありえない、などと私は論じてきていないのである。そうではなく私は、現代の民主主義的政体に属している市民には、一般的に、投票する市民的義務などなく、また政治に参加する市民的義務すらない、と論じてきたのである。

最後に、投票しない人々について述べておきたい。現実問題として、ほとんどの人は、投票する義務があると信じている。その結果として、ある人が投票をしていないとわかったとき、あなたはこの情報から、覆されうるものではあるが、その人がある種の尊敬できる性格的特徴を欠損していると疑う、一定の理由を得られるのである。ほとんどの人は、〔序章で示した〕投票倫理についての素朴理論に賛同している。したがってあなたは、ある人が投票していないと知ったとき、次のように推測する一定の理由を持つのだ。すなわち、その人は投票する義務があると信じつつも、その義務を守らないということを選んだのではないか、と。たとえもしその人にXする義務が実際にはないのだとしても、その人が自分にはXする義務があると信じつつ、しかしXしないのだとすれば、それは悪い性格の論拠となりうる。私は投票する義務などないと考えているが、投票を棄権するほとんどの人は、〔投票する義務がないと考えているからではなく、〕自らの状況に鑑み、彼らとしてはコストがあまりに高いものだから、あるいは、いくらか欠陥のある性格をしているから、投票をしないのだろう。

次のような主張とも、私の見解は矛盾しない。すなわち、たとえ義務ではないにしても、一定の市民にとって投票することは、少なくとも道徳的にいえば良い考えだ、という主張である。(以下の数章で述べていくように、)うまく投票することが、あなたにとって容易であるとしよう。あなたは既によく情報を知り、そしてまた理性的であり、共通善を涵養するために必要なものとは何であるかについての正当な信念を持っている。投票によってあなたに莫大なコストがかかることもなく、また差し迫って優先すべき義務や活動もない。もしそうならば、厳密にいえば必須ということではないにせよ、投票するのは良い考えであるように思われる。(あなたがうまく投票するのであればだが。)

投票倫理についての素朴理論は、一般的に市民は棄権をせずに投票すべきである、と主張する。この主張は、精査に耐えるものではなかった。続く数章において、私は、素朴理論の別の側面に対して反論を加えることにする。私は次のように論じるつもりである。すなわち、市民に投票する義務はないが、もし投票するというなら、彼らはうまく投票せねばならない、と。実際、悪い形で投票するくらいならば投票を控える、という義務が市民にはあるのである。

注

(1) 私に、何が政治的とみなされるのかについての必要十分条件を提示するつもりはない。〔政治的か否かを区別するにあたって、〕私は共和主義者が用いているような区分を使用する。共和主義者は、一定の活動を政治的とみなし、また別の活動を私的で非政治的なものとみなす。これらの私的で非政治的な活動もまた市民的徳の発揮となりうる、と論じることが私の目的である。何が政治的なものとみなされるかについて、共和主義者が間違っているとする。もしそうならば、そのことは、次のように私のテーゼは書き換えられるべきだ、ということを意味する。すなわち、非政治的と共和主義者がみなす活動でも市民的徳の発揮たりえるし、また、卓越した市民的徳を持つにあたって、政治的活動と共和主義者が呼ぶものに従事する必要もない。

（2） ここで用いられたところの「共和主義」は、関連した政治理論、すなわち誰にも支配されない政治秩序を維持するためには市民の多大な政治参加や政治的徳に支えられる必要がある、と主張する政治理論の総体に言及するものである。〔関連するが異なるものとして、市民的人文主義という見解がある。市民的人文主義が主張するところによれば、こうした参加は、優れた、完全に人間的な生活を構成する要素なのである。〕リベラリズムの代案だとみなされうる共和主義理論もある一方で、リベラリズムの一種である共和主義理論もある。私は、共和主義が社会秩序の理論として持っている独自性について論じることはせず、市民的徳の共和主義的構想にのみ、焦点を当てている。あるリベラルな著者による、彼が反リベラルなものだと解する共和主義理論に対する批判として、Gaus 2003a を参照。

（3） 例えば、Philip Pettit（1997, 20）は次のように述べている。すなわち、「市民的徳の体制」とは、「その下で、人々が喜んで公職へと就き、また真摯に奉仕しようとする体制のことである。」〔原文ではページ数（20）の記載がないが、訳者で補った。〕

（4） Oldfield 1990, 181.

（5） 「*civitas*」というラテン語と、「*polis*」というギリシャ語は、ほぼ同一の意味とされてきたかもしれない。しかし、現在の英語においては、「市民（the *civic*）」の概念は、「政治（the *political*）」の概念よりも広いものとなっている。

（6） Rawls 1971, 5-6.〔邦訳 8-9〕

（7） Schmidtz 2006, 7-9.

（8） Archard 2001, 221. を参照。

（9） Burtt 1990, 24.

（10） Dagger 1997, 14.

（11） Galston 2007, 630.

（12） Crittendon 2007.

（13） G. Brennan and Hamlin 1995.

（14） 次の文献も参照。Pauer-Studer 2001, 188, 及び Honohan 2002, 147. 二つ他の定義を挙げておこう。Blum（2007, 534）は次のように述べる。「市民的徳は、市民的秩序やその規範に対し適切なやり方で携わるための資質である、と解しうる。」以上が、彼が定義付けに近いことをした文章である。この定義を他の定義の代わりに用いるとしても、私の論証に差し障りはない。というのも、〔私の論証は、〕市民的秩序やその規範に対し適切なやり方で携わるにあたっての、ありうるやり方全てについての説明を与えるものなのだ、と主張できるからである。また、Buchwalter（1992, 551）が論じるところによると、ヘーゲルは、「市民的徳」を、個々人が共同体的な目的〔への寄与〕を自主的に意思する、というようなこととして定義しているという。

(15)（口頭でのやり取りにおいてだが、）ショーン・アースは、市民的徳が人を良い市民へと変えてくれる、と述べることと、市民的徳は共通善を涵養しようとする性向を持つ、と述べることとの間には、隔たりがあると指摘する。シャロン・クラウスも、（口頭でのやり取りにおいて、）次のように述べている。すなわち、我々は、良い市民であることが良い人間であることと両立可能であるのかわからないような形で、「市民的徳」という言葉を用いていることがあるのである。

(16) Dagger 1997, 15.

(17) Dagger 1997, 99.〔強調は原文〕

(18) 後にダガーは、市民的徳は政治参加と密接に関係しているというような論証を発展させている。彼は次のように主張する。すなわち、全ての市民が自由であることは共通善の一部にあたり、また、自由とは自律性や自己統治のことなのであり、したがって、自由とは統治への参加のことであるのだ、と（Dagger 1997, 17 を参照）。

(19) Crittenden 2007. 次の文献が引用されている。Gutmann 1987, 287.〔邦訳 316〕（強調は追加）

(20) 共和主義者やその他の人々が、市民は政治に従事すべきだ、という論証をしていることに〔改めて〕注意を促しておきたい。しかしながら、（自由を守るために必須のものだから、といったことを理由に、）市民が政治に参加すべきだと論証することと、市民的徳という概念が政治参加と強く結びついたものだと論じることとは、全く違うことである。

(21) こうした構想に関する広範な帰結主義的リベラルの論証については、Schmidtz 1995, 158–66 を参照。類似した構想を正当化しようとするリベラルの論証として、Gaus 1996, 172–75 も参照。Rawls 1971, 233, 246〔邦訳 314–15, 331–32〕も、類似の構想として参照。

(22) リチャード・ダガーは、共和主義者であるのだが、この共通善の構想に似たものを受け入れている。

(23) 例えば、G. Brennan and Lomasky 2006, 223–29 を参照。

(24) 私の作業仮説は、次のとおりである。すなわち、人は、権力（特に政治権力）と影響力を持てば持つほど、市民的徳を持つことが重要になるのである。

(25) Becker 1980, 37. 市民が生産的な仕事をするべきか否かについての近時の研究として、White 2003 を参照。

(26) Rawls 1971, 4.〔邦訳7〕
(27) Schmidtz 2006, 91.
(28) Read 1958.
(29) このことの明白な理由の一つは、単にそうした時間や努力が政治に対して悪い影響を生んでしまうからであろう。ヒトラーやスターリン、そして毛沢東の影響は、明らかに全体としてひどいものだっただろう。しかし、たとえ普通の市民であっても、有害な影響を及ぼしてしまうことがあるのである。
(30) 次のように仮定してみよう。全てを考慮に入れた上で、市民の五〇パーセントに投票してもらいたい、と我々が考えているとする。投票以外のやり方で共通善に寄与するのではなく、投票によって共通善に寄与するべきなのかどうかを決めるにあたって、市民はどのようなルールに従っているのであろうか？ もしルールが、「投票が共通善に対して十分な正の期待効用をもたらすという場合にだけ、投票する」というものならば、誰も投票しないであろう。もしルールが、「投票せよ。以上終わり」、というものならば、あらゆる人が投票することになる。仮定からして、これらのルールは、いずれも最善の選択ではない。これらとは別のルールとして、次のようなものはどうか？ すなわち、「合理的な情報を持っており、かつ共通善に基づいて投票するつもりなのであれば、投票することが自身や共通善に対して実質的な負担とならない限り、投票する」というものである。このルールもまた完璧ではない。しかし、我々の目標を達成する上で、他の二つのルールよりも優れたものではある。この問いを提起してくれたことについて、ディヴィッド・エストランドに感謝したい。
(31) G. Brennan and Lomasky 2006, 223.
(32) この点は、全てを考慮したとして、市民的徳が常に、あるいは大筋ですら望ましいものとなるのだろうか、という疑問を我々に抱かせるものである。おそらく、共通善への影響を無視して芸術それ自体のために芸術を追求する芸術家は、共通善を涵養するよう強く動機付けられている芸術家よりも、より良い芸術を創り出し、準じて、より共通善を涵養するであろう。これはおそらく、パン屋、農家、実業家、そして多くの他の職業でもそうである。もしそうなのだとすれば、市民的徳はあまり望ましいものではない、ということになるかもしれない。
(33) これについて、単に積極的な変化を生もうと試みるだけではなく、実際に変化を生むのに成功することが必須とされはしないのだろうか？ これは重要な問題であるが、しかしここで探求する必要はない。なぜなら、政治外的な市民的徳の見方と共和主義的な市民的徳の見方のどちらを選ぶかにあたって、その答えが助けになることはないからである。
(34) 哲学者の意識についての興味深い調査として、以下を参照。http://experimental philosophy.typepad.com/experimental_

philosophy/2009/07/professors-on-the-morality-of-voting.html.〔二〇二四年一二月一日現在リンク先が変更になっており、正しくは以下のとおり。https://philosophyonline.typepad.com/xphi/2009/07/professors-on-the-morality-of-voting.html〕

(35) ある読み方によるならば、プラトンは哲学者による支配を主張している。(これは誤読であるように思われるが、しかし常識的にはそういうことになっている。) 彼は正しいかもしれない。だがなお、プラトンが哲学者であることに鑑みるならば、一定の疑いの余地が生じる。ある読み方によるならば、アリストテレスは、哲学することは最高度の、そして最も人間的な生き方である、と主張している。彼はおそらく正しいのであろうが、しかし疑わしい。なぜなら、〔知に価値を見出し、自らの知を磨いてきた者たちである〕哲学者〔自身〕によって、この主張はなされているからである。同様に、〔正義や政治の問題について他者と頻繁に議論することによって、〕一般市民がより政治哲学者的に振舞うようになるならば、それは素晴らしいことである、と現代の政治哲学者が主張しているのを見かけたとすれば、疑いを抱かざるをえないのである。

(36) G. Brennan and Lomasky 2006, 232.

(37) G. Brennan and Lomasky (2006, 231-32) も同様にこの点を指摘する。

(38) Oldfield 1990, 186.

(39) これは、リベラルの市民性が常に容易なものである、と論じているわけではない。ジェリー・ガウスが論じるように、リベラリズムは、道徳的な出しゃばりになるのではなく、自身のことに集中するよう、人々に要求する。人々のほとんどは、これに困難を覚えるだろう――彼らは、不快感を覚えた実践を放置するのではなく、規制したり抑圧したりしたいのである。Gaus 1997 を参照。

(40) Pocock 2003, 80.

(41) 例えば、Schmidtz and Brennan 2010, chaps. 1-5 を参照。

(42) Walzer 1989, 212.

(43) Walzer 1989, 218.

(44) 税金と投票のアナロジーを再度持ち出してくることにより、私の論証に反対する者がいるかもしれない。社会に対する責務の果たし方には多くの種類のやり方がある、ということに我々が同意するとしよう。たとえもしそうなのだとしても、責務の果たし方の中には、全ての人がやらねばならないものも、おそらくあるはずだ〔と彼らは反論する〕。例えば、癌を治したからといって、税金の支払いから免れることはできない、というわけである。この反論への再反論として、私は、次のように論じたい。すなわち、もし税金の支払いが法的に任意であるならば、社会に対して十分に高い寄与をしている人が税金の支払い義務を免除されるとしても、それはもっともなことではないか、と。小惑星の衝突から世界を救ったならば、あなたは所得税を二度と支払わなくてよい、ということになるかもしれない。（これは、税金を支払うかどうかを市民が自ら決めることが許されるべきだ、という意味ではない。そうではなく、市民の中には実際に税金を支払わなくてよい者もいる、ということを意味するだけである。）以上のとおりではあるのだが、私の主たる再反論は、次のようなものだ。すなわち、税金についての指摘がもしそのとおりなのだとしても、公共善・公共財に基づく論証を提起する人は、投票が税金のようなものである、ということを示す必要があるのである。公共善・公共財に基づく論証を提起する人々は、それを示してきてはおらず、そして私は、その主張に対して、重大な疑義を示してきたのであった。

訳注

［1］　原文では「概念（concept）」となっているが、文脈的に「構想（conception）」であることが明白であるため、「構想」と訳した。

［2］　政治哲学上の専門用語ではなく、ブレナン独自の概念。意味については本文のとおり、「非政治的な活動によって共通善を涵養しようとする性向と能力のこと」を言う。

［3］　経済学的には、消費者余剰と生産者余剰の合計を意味する。消費者余剰とは、消費者が支払ってもよいと考える額と現実に消費者が支払った額の差額を意味し、生産者余剰とは、生産者が実際に財の生産にかけた費用と財の販売額の差額を意味する。ただし、ブレナンは、社会全体で生まれた利益から、それを生むのにかかった費用を引いた残余、という程度の意味で使用している。

［4］　終了後に参加者全体の利益の総和がゼロになる「ゼロサム・ゲーム」、総和がマイナスになる「ネガティブサム・ゲーム」と対比される、総和がプラスになるゲームのこと。したがって、ゼロサム・ゲーム、ネガティブサム・ゲームと異なり、参加者の誰にも不利益を与えず、全員が利益を得る（＝全員が勝者になる）ことがありうる。

第三章　間違った投票

本章で私が論証することは、悪い投票をしない義務が市民にあるというものである。市民は、悪い投票で民主主義を汚染するくらいならいっそ、棄権すべきである。

私は「悪い投票」を専門用語として用いる。「悪い投票」は、「定義上人がすべきでない類の投票」という意味ではない。よって、人々は悪い投票をすべきでないと言うときに私が語っている事柄は、些末で同語反復的な何かではなく、興味深く中身のある何かである。本章の考察対象は二種類の悪い投票である。すなわち、「言い訳の余地のない有害な投票（unexcused harmful voting）」と「まぐれ当たりの投票（fortuitous voting）」である。

言い訳の余地のない有害な投票が起きるのは次のときである。すなわち、人が、認識的な正当化なしに、有害な政策やそうした政策を制定しそうな候補者に投票するときである。（政策の有害性の意味は第五章で詳しく議論される。）例えば、特別な場合を除いて、同性婚を不快に感じるがゆえにその禁止に賛成票を投じる人は、有害な投票を犯している。この種の投票は、個人的ではなく集合的な害である。なぜなら、個々の投票がもたらす効用の増減の期待値は、ごくわずかだからである。まぐれ当たりの投票が起きるのは次のときである。すなわち、市民が、実際には有益な政策やそうした政策を制定しそうな候補者に投票したものの、その政策や候補者を良いと信じるための十分な正当化がない場合である。換言すると、まぐれ当たりの投票が起きるのは、正しい選択が行われたものの、その理由が間違っているか、その理由が全くない場合である。例えば、〔白人至上主義者として悪名高い〕デイヴィッド・デュークが、（実際には良い）候補者が人種差別的な政策を制定すると誤解したがゆえに、その候補者に投票したとしよう。この場合、デュークは、正しい人に投票したが、間違った理由でそうした。私が論証するのは、デュークはそうする代わりに棄権すべきというものである。

有害な投票とまぐれ当たりの投票の間違いに関するそれぞれの論証は、微妙に異なる。私は、まず有害な投票を禁じる道徳的義務が存在する理由について述べ、次に、まぐれ当たりの投票を禁じる道徳的義務が存在する理由を述べる。片方の論証が間違っているとしても、もう片方が正しい可能性は残る。結果として明らかになるのは次のことである。すなわち、投票先の候補者や政策が共通善を促進すると信じることに関して、人々は正当化されていないといけないということである。

無責任な個人の投票者らは、悪い投票をするくらいなら、棄権すべきである。この命題は、反民主主義的に見えるかもしれない。しかし、それはまさに、投票者の責任と、どのようにして投票者らがその責任の遂行に失敗するかということに関する主張である。私見では、投票者らは投票の義務を負わない。だが、もし投票するなら、投票者らは、きちんと合理的で・偏見なく・公平で・自身の政治的信念について精通しているという責任を、他者と自分自身に負う。似た話として、我々のほとんどが、親になる義務はないと考える。だが、親になるなら、責任ある良い親であるべきである。我々は外科医になる責任を負わない。だが、外科医になるなら、責任ある良い外科医であるべきである。我々は車を運転する義務を負わない。だが、車を運転するなら、責任感あるドライバーとなるべきである。同じことは投票にもいえる。政治的徳は難しい。

私の見解は、以下のような〔四種類の〕人々と対照をなす。この人々の考えは次のものである。〔①〕我々は投票に関する義務を負わない。〔②〕我々は投票する義務があるが、どんな投票も、あるいはほとんどの投票は許容される。〔③我々は投票せねばならず、その上〕我々はうまく投票せねばならない。〔④〕そして、〔比較的稀な立場だが〕我々は全く投票をすべきでない。

言い訳の余地のない有害な投票

有害な投票が起きるのは、人々が有害もしくは不公平な政策やそうした政策を制定しそうな候補者に投票するときである。(1) しかし私は、有害な投票のこうした事例の全てが道徳的に間違いだとは論証しない。

実際に〔やってみると〕有害である政策へ人が投票しても、それが正当化されている場合もある。例えば、過去二〇〇年の間に、何千人もの認識的に優れた別々の政治学者の著作が、特定の政策を良いものとして指摘していることを想像してほしい。その政策は結局有害なものとして終わったかもしれない。それでも、そうならないと信じることについて、皆は正当化されていた。

よって、次のようにいおう。言い訳の余地のない有害な投票が起きるのは、人々が、有害な政策やそうした政策を制定しそうな候補者に、十分な理由なしに投票するときである。「言い訳の余地のない有害な投票」というラベルには、道徳化された響きがある。だが、言い訳の余地のない有害な投票は、定義上道徳的に間違いというわけではない。次節で私は、こうした投票の間違いを示す中身のある論証を行う。よって、投票者は言い訳の余地のない有害な投票をすべきでないと私が言うとき、これは中身のある主張であって、同語反復ではない。

人が有害な政策に投票したものの、それには過失がないことがあるかもしれない。私は、投票者と外科医を比較した。全員が外科医や投票者にならないといけないわけではない。だが、もし外科医や投票者になるなら、その人は良い外科医や投票者でないといけない。外科医は失敗することもある。一部の失敗には言い訳の余地がある。誤診であっても、普通の病気と全く同じ症状を持ち・未知で・極端に稀な病気の誤診を、通常我々は非難しない。今日の外科医を、次世紀になってようやく発明されるより良い技法を用いないことのかどで、我々は責めない。外科医は、現在の知識レベルに沿った理に適った配慮基準に従ったので、咎められるべきではない。一方で、理に適った配慮基準を下回った過失のせいで失敗が起きることもある。

医療や他の専門職における配慮基準[1]は、普通の慎重な施術者が似たような状況で行う事柄として通常定義される。しかし、千年前に典型的な外科手術の配慮の質は、その時代の全ての外科医は手術を行った咎を負うと理に適う形で主張できるかもしれないほど低いことに、注意してほしい。したがって、医療の配慮基準のこの定義は、平均的な能力水準の一般的な高さを前提としている。それゆえ、配慮基準のこの定義を投票に対して用いるべきでない――普通の慎重な投票者らの能力は低いかもしれない。

代わりに、投票した先の政策が有害なものだったとのちに判明したとしても、なお投票者はうまく投票したといえるのは、次の場合のみである。すなわち、自身の投票に対する投票者の十分な認識的正当性があるときのみである。共通善を促進すると投票者が信じることが正当化されている政策や候補者に彼らが投票する場合、投票者らはうまく投票している。（自己利益ではなくて共通善が投票の適切な目的となるべき理由の説明は、第五章で行われる。本章で私は、この点を当然とみなす。）さもなければ、有害な政策や有害な政策を制定しそうな候補者に十分な理由なしに投票者らが投票するときに、彼らは言い訳の余地のない有害な投票をしたことになる。

私は、ここで正当化された信念の精確な基準を定めようとはしない。私はその基準の決定を認識論の最良の理論に任せる。私の論証は、正当化されていない政治的信念といった事柄の存在に依拠する。だがそれは、特定の認識論へのコミットメントを必要とはしない。どんな理に適った認識論的見解に基づくのであれ、正当化されない政治的問題に関する信念といった事柄は存在するだろう。(2) 正当化されていない信念の例として私が用いた類の信念は、どんな理に適った認識論的見解によっても正当化されない信念と判定される。例えば、まっとうな認識論であれば、信念が希望的観測や動機付けられた推論[2]に基づいていたり、圧倒的な反証の存在にもかかわらず抱かれていたりする信念の正当性を認めることはない。

言い訳の余地のない有害な投票の最も一般的な形態は、不道徳な信念に基づく投票、無知に基づく投票、認識的非合理性と偏見に基づく投票である。[3] 私は、悪い投票の新たな公式をもたらそうとしているわけではない。ときには、ここで与えられた悪い投票の特徴に従うと、これら三つの形態に基づく投票が悪い投票と判定されないこともある。〔すなわち、不道徳な信念・無知・認識的非合理性と偏見のいずれかに基づく投票であっても、言い訳の余地のない有害な投票の条件を満たさなければ、ここでは悪い投票とは判定されない。〕

不道徳な信念から投票する例として、アレックスは黒人が劣っており、二等市民として扱われるべきだと、考えているとしよう。これは、正当化されていない、不道徳な信念である。黒人が劣位に置かれるところを見たいがためにアレックスが政策に投票するなら、彼は悪い投票をしている。

無知に基づく投票の例として、ボブが投票で決まる内容に関して完全に無知な場合を考えよう。ボブは共通善を促進したがっているが、共通善を実際に促進する政策がどれかを知らない。この事例で彼が投票するなら、彼は悪い投票をすることになる。(3)

認識的非合理性と偏見に基づく投票の例として、キャンディスが、国家の物質的な繁栄を高めることを目標に投票するとしよう。しかし彼女は、何が経済発展を刺激するかということについて、信頼できない偏った過程を通して信念を形成した。キャンディスは、反動的な新重商主義者（すなわち、帝国主義者、保護主義者）の政策要綱を信奉する候補者に感情的な魅力を感じ、その候補者に投票する。繁栄をもたらすという〔キャンディスの〕目標にとってその候補者の政策要綱は有害であることを示す論拠〔の存在〕にもかかわらず、彼女はそうする。この事例のキャンディスは、非合理的な信念形成過程に基づく、手段と目的に関する誤った信念を持つ。これらの信念に基づいて彼女が投票するとき、彼女は言い訳の余地のない有害な投票をしている。

集合的危害を差し控える義務

私は次のように論証する。すなわち、言い訳の余地のない有害な信念に基づく投票を禁じる義務を人が負うのは、この投票が、集合的に有害な活動への参加を禁じる、より一般的な義務を侵害するからである。集合的に有害な活動とは、一人ひとりの行為が積み重ねる害は無視できる量でありながらも、集団や集合体によって引き起こされる有害な活動である（注記：私は、「集合的に有害な活動」を、多くの人が行ったなら、有害となるであろう活動として定義するわけではない）[4]。例えば、大気汚染の生成は、集合的に有害な活動である。集団として、我々は多くのダメージを引き起こす。だが、個人の汚染者としての我々は、無視できる量の害しか引き起こさない。

注意してほしいのが、一般的に政治家たちは人々が求めるものを与えようとするという経験的前提に、私の論証が依拠する点である[5]。私はこの前提をここでは擁護〔するための論証を〕しない（そのための参照を脚注の形で提供するにとどめておく）。

私の論証の概略は以下のとおりである。

1. 集合的に有害な活動を控えることが大きな個人的なコストを伴わないときには、集合的に有害な活動に参加しない義務が人にある。
2. 言い訳の余地のない有害な投票は、集合的に有害な活動への参加となる。一方、投票の棄権がもたらす個人的なコストは低い。
3．それゆえ人は、言い訳の余地のない有害な投票をすべきでない。

本章の後ほどで私は、この論証をより完全なものにし、様々な反論を検討する。次章で私は、さらなる反論を検討する。

有害な投票を禁じる義務の根拠にあるものは一般的には、一票の有害性ではない。第一章で見たように、一票には、消え入るばかりに小さな期待効用しかない。これが意味するのは、悪い一票にも消え入るばかりに小さい期待不効用しかないということである。

有害な投票は、個別的にではなく、集合的に有害である。その有害性を引き起こすのは、個々の投票者ではなく、投票者のまとまりである。（この点で投票は、外科手術や運転と違う。）私が有害な投票をしなくても、問題は解決されない。ただ、次の点は依然として妥当である。すなわち、私の集合的に有害な活動への参加による追加の悪さが無視できる量だとしても、それに参加しないことで被る個人的なコストが重大でないなら、私はそれに参加しない義務を負う。これこそが有害な政策や候補者に投票すべきでない理由であると、私は主張する。

アナロジーとして、銃殺部隊という思考実験を考えてほしい(6)。

十人の〔メンバーで構成される〕銃殺部隊が、無辜の子どもを今まさに処刑しようとしている。部隊全員の弾丸全てが、同時に子どもに着弾する。一つ一つの弾丸それ自体が、子どもの殺害に十分である。あなたは、部隊に参加し、他の隊員と一緒に子どもを撃つという選択肢を持つ。誰もあなたに部隊への参加を強制しない――あなたは自由に立ち去ることができる。

部隊への加入と子どもの殺害への参加が間違いであるという直観を、ほとんどの人が持つだろう。たとえ、あなたが撃とうが撃つまいが子どもは死ぬとしても、である。なぜ人々はこう考えるのだろうか？　あなたの射撃が子どもの死をもたらしたかどうかは、明らかでない。結局、どうしたって子どもは死ぬ。ただ依然として、部隊へ加入して子どもを殺すことは間違いだという強力な直観を、多くの人が持つ。部隊への加入が間違いであることの理由の適切な説明の一つは、次のものである。たとえ一人の追加分が決定的な違いを生まないとしても、この種の活動への参加全般は道徳的に禁じられている。私は、悪い投票に反対する私の論証において、このアイデアを探求したい。

集合的行為問題において、特に我々が集合的に有害な仕方で行為する事例において、道徳が我々に命じることは何か。全員や大多数の人々が〔今しているのとは〕別の行為をした場合のみに、問題が解決されるとしよう。道徳は、その問題を個人として解決することを私に命じない。理由の一つは、私がそれを解決できないからだ。例えば、もし私が囚人のジレンマや悲劇的なコモンズ〔共有地〕に陥った場合、（本章末の補遺IとIIを参照）問題を悪化させないように自分自身を抑制することは、問題を解決しない。むしろ、私の自制は、私自身を搾取のカモにし、問題を悪化させうる。[4]

場合によっては、並外れた個人的努力による問題解決が可能かもしれない。私以外の全員がポイ捨てをする小さな村に、私は住むとしよう。もし私が週の九〇時間をごみ拾いに費やすなら、村はきれいになるだろう。ここでは、私は個人として問題を解決できる。だが、道徳がそれを私に命じているという考えは、妥当でない。他の全員のごみの掃除を私がしなければならないということは、負担が大きすぎるし、不公正である。

道徳が命じるのはより弱い事柄であるとする方が妥当である。集合的活動問題が生じたときに、私はその問題を解決しなくてよい。だが、問題の一部になることを低い個人的コストで回避できるなら、私は問題の一部になるべきでない。人々が集合的に有害な活動に参加するとき、参加しないことがもたらす私自身へのコストが低いなら、私はそれに参加すべきでない。道徳が私に命じるのは、手を汚さないでいるためのコストが低いときには、私が手を汚さないでいることである。（先述の論証の概略の）前提1を、我々は、クリーン・ハンズ原理と呼ぶことができる。

集合的に有害な活動への不参加によって生じる個人的コストが重大でないとき、集合的に有害な活動に参加しない義務が人にある。

集合的に有害な活動とは、集団や集合体が引き起こす有害な活動であるものの、有害な行為への個人の追加分は無視できる量であることを思い出されたい。

古典的な囚人のジレンマでは、問題の一部となることの回避は不可能である。（補遺Iを参照。）問題回避の私の試みは、私への搾取の道を開く。悲劇的なコモンズでも同様に、高い個人的コストを被らずに問題の一部となることを回避することは不可能であることが、頻繁にある。（補遺IIを参照。）

子どもを養う唯一の方法が、他の人たちが既にダメにしつつある共有資源の利用への参加なら、ほぼ間違いなく、私はそうすることを許されている。しかし、先述の銃殺部隊の例では、誰も私に子どもを撃つよう強制しない。私は立ち去ることができる。私は参加すべきでない。

言い訳の余地のない有害な投票は、少なくとも数多く行われているときには、集合的に有害な活動である。（私は後ほど、泡沫候補への投票を論じる。）しかし、言い訳の余地のない有害な投票は、一般的には、囚人のジレンマや悲劇的なコモンズのようなものではない。囚人のジレンマや悲劇的なコモンズで私が集合的に有害な行為に参加することは、個人的に合理的なことである。なおさら、その行為への私の参加は、しばしば完全に不可欠となる。私が問題の一部とならないなら、私は個人的な災難に見舞われる。しかし、有害な投票は、そのようなものではない。有害な投票をやめて生じる個人的コストは小さい。

なぜ、少なくとも問題の一部とならないことで生じる私へのコストがわずかな場合には、私が問題の一部とならないことを道徳が命じるのだろうか？（不参加のコストが低いときに）集合的に有害な活動には参加すべきでないとする原理は、何らかの特定の道徳理論に基礎付けられる必要はない。それは、様々な妥当な背景的な道徳の諸理論によって示唆される、支えを必要としない観念である。

例えば、クリーン・ハンズ原理に関して規則帰結主義者がいいそうな事柄は次のものである。ブラッド・フッカーの洗練された規則帰結主義において、ある行為が間違いなのは次の場合である。すなわち、その行為が、圧倒的多数の人々がそれを内面化することで最善の帰結をもたらす規範の定める規則を破る場合である。[7]集合的に有害な活動への不参加で被る個人的コストが低いときにその参加を禁じる暫定的な（pro tanto）規範は、ほぼ確実にこの規則の一部となる。[8] 他の点では全く同じ、二つの規則を考えよう。一つ目の規則には、集合的に有害な活動への不参加がもたらす負担が少ないときにそれへの参加を禁じる要件がある。だが、二つ目の規則にこうした要件はない。二つ目の規則よりも一つ目の規則が、より良い帰結を生み出すと期待される。（結局、一つ目の規則に従う人々は、とるに足らない汚染を少なくするし、銃殺部隊にも参加しないだろう。）よって、集合的に有害な活動をしないことで生じるコストが少ないときにそれへの参加を禁じる規範は、フッカーの規則帰結主義が選ぶ規則に含まれるだろう。

カントの道徳理論で、ある行為が間違いなのは次の場合であり、そしてその場合に限る。すなわち、合理的な主体が普遍的法となることを意志できないような行為の計画がその行為の基礎にある場合である。カント主義者は、集合的に有害な活動への参加は、普遍化不可能だと論証するかもしれない。「集合的に有害な活動への参加がもたらす便益が少ないとしても、そうした活動に、私は自由に参加できる」という格率を考えよう。もし全員がこの格率に従えば、それはほぼ全員に有害となるだろう。それゆえ、その格率は、「意志における矛盾」のテストに不合格となる。なぜなら、どんな合理的主体も、全員がその格率に従って行為することを意志しないだろうからである。[9]

幸福主義的な徳理論で、ある行為が間違いなのは次の場合である。すなわち、その行為が、その文脈に置かれた有徳な主体が自身の性格に従って行うであろう行為類型でないときである。[10] 有徳な主体は、良い理由なしで集合的に有害な活動に参加しようとはしないだろう。代わりに、欠陥のある性格の人だけが、不参加のコストが低いときでも、集合的に有害な活動に参加するだろう。

説明のために、集合的な害に関与しないという義務が公正さに関する妥当な見解にどのように基礎付けられうるかについて、私はさらに詳しく議論する。有害な投票の問題が、多くの側面で大気汚染の問題と似ている点を考えてほしい。リタ・マンニングは次のように問う。「さて、ドライバーの一人ひとりが大気汚染をコントロールする道徳的義務を負うという提案は、どうして奇妙に聞こえるのか？　おそらくその理由は、大気汚染は一人のドライバーが生み出すものでもないし、一人のドライバーの一つの行為が解決できるものでもない点にある。私がアメリカでただ一人の車の所有者なら、思う存分運転してもいかなる［深刻な］大気汚染も生じないだろう。」(11)

もちろん、汚染と悪い投票は完全に類似しているわけではない。（外科医と運転のアナロジーのもまた完全ではない。）もし私が唯一の小規模の汚染者なら、私の汚染は大きな違いをもたらさない。しかし、もし私が唯一の投票者なら、私の一票が全ての違いをもたらす。ただ、たくさんの悪い投票者や汚染者の一人が私であるとき、私が個人的に追加する悪さは無視可能である。だが、それでも私は問題の一部である。だからといって、私が悪い投票や汚染をやめても、問題は消えない。

個々のドライバーは、問題を起こす集団の一員である。問題解決の公正な方法を見つけることから、個人の義務が導出される。汚染レベルが半減したら、汚染は許容可能だとしよう。これを実現する一つの方法は、人口の半分の人々の運転を禁止することである。一方、もう半分の人々は、現状のレベルで、現状の環境負荷の高い車の運転を続けてもよい。では誰が運転できるのかというと、それはくじ引きで決めるとしよう。この解決は不公正である。なぜなら、問題を起こす人全員ではなく、その一部の人に負担が課せられているからである。[5] 標準的な道徳的な立場とは、問題を起こす全員が、その問題を解決するために何らかの負担を負うべきというものである。より論争的な形でいうと、次のようになるかもしれない。すなわち、少なくともそれを覆すような事情がない場合には、人々はこの負担を平等に負うか、問題を悪化させた割合に応じて負うべきである。

公正さは、集合的に有害な活動と個人の行為の間のギャップを埋める一つの方法である。我々が汚染を少なくすべきなのは、汚染が我々全員に害を及ぼすからである。だが、私が汚染を少なくすべきなのは、他の条件が同じだとして、他の人々が汚染の減少のための負担を負うのに、私が好き勝手に汚染をもたらして利益を得るのは不公正だからである。他の条件が同じなら、我々は、汚染しないというう負担をシェアすべきである。悪い投票をしない義務も、このパターンに則りうる。我々悪い投票者らが投票すべきでないのは、それが全員にとって有害だからである。だが、個人の悪い投票者である私が投票すべきでないのは、他者が民主主義の汚染の減少の負担を負うのに、私が好き勝手に民主主義を汚染することから利益を得ることが不公正だからである。他の条件が同じなら、選挙結果を汚染すべきでないという義務を、我々はシェアすべきである。

投票を自制すると重大な個人的被害が生じる場合には、個人が有害な仕方で投票することは許可されるかもしれない。実際、こうした自制にはコストがかかる。個人の投票者は投票から心理的な見返りを受け取る――投票は短時間の間、自己満足をもたらしてくれる。彼らの投票が（道徳的に）禁じられるなら、彼らはこの見返りを失う。しかし、有害な投票者たちによって決定される選挙が意味するのは、人種差別的・性差別的な法や不必要な戦争、少ない経済的機会、低レベルの福祉の下で人々が生活を送らないといけないということである。棄権で投票者が被る害や損失のタイプは、悪い政策の負担を負う人が被るタイプの害と比べると、比較的些細なものにみえる。投票者の投票する喜びは、投票結果を汚染しないという潜在的な義務を埋め合わせるのに不十分である。投票によって悪い投票者が消費する心理的な財は、集団的な犠牲の上に成り立っている。

同様に、ある個人は、燃費の悪いハマーを、自己イメージを高めたり運転の真の喜びを得たりするために、運転するかもしれない。その人の喜びは、スモッグと地球温暖化によって全員に課される害とつり合うのに十分ではないと私は思う。全く運転してはいけないとか、ましてや喜びの追求のために汚染を起こしてはならないというわけではない。我々が幸せな人生を送ることを可能にする原理を支持する理由を、我々全員が持つ。むしろ、この事例が示すのは次の点である。すなわち、ある時点で、個人的な喜びの追求の重みよりも、喜ばしい人生を可能にする健全な環境を保護する必要性の方が重くなる、ということである。

悪い投票者が家にいることで生じる集合的コストもあることもありうる。もしかすると、高い投票率は、より堅固な社会的団結を生み出す。もしかすると、悪い投票者が投票するとき、これは彼らに投票にもっと関心を持たせる傾向があり、マシな投票者になるきっかけになるかもしれない。私の考えでは、これらの機会コストよりも、悪い投票の減少の利益の方が上回りそうである。だが、悪い投票の間接的な好影響に関する実証研究のようなものなしには、何ともいえない。

もう一つの反論は、ほとんどの投票者が棄権するとき、民主主義を真剣に扱うことが困難であるという反論である。おそらくそのとおりなのだが、多くの投票者が悪い投票をするときに民主主義を真剣に扱う方が、なおさら困難である。ともあれ、たとえ投票率が低くとも民主主義は、その競争相手

(寡頭制など)よりも良いパフォーマンスを発揮する。よって、低投票率が意味する最悪の事柄もせいぜい、我々は一部の人が望むのと同じくらい真剣に民主主義を扱うことができないということである。しかし、これは民主主義を他の何かと取り換えないといけないことを意味しない。

この論証は、次の点を許容することに留意してほしい。すなわち、一人(かそれ以上の)邪悪な候補者の中からの、より邪悪の程度が少ない候補者への投票は、時には正当化される。ムッソリーニを政権に就けることは有害だが、ヒトラーを政権に就けることほど有害ではない。ムッソリーニと同等の候補への投票が、棄権やヒトラーと同等の候補者への投票と比べると、最善な代替案であるというシナリオを、我々は考えうる。この点を信じるに足る十分な正当性が個人の投票者にあるなら、ムッソリーニへの投票も許される。

本論証は次の点も許容する。すなわち、起こりそうな有害さの度合いがわからない政策や候補者に投票することも、危険性が既に知られている政策や候補者を落とすためなら正当化されうる。それゆえ、スターリンかそれとも誰か知らない人か、という選択肢しかないなら、棄権やスターリンへの投票ではなく、この知らない人への投票が正当化されるかもしれない。この特徴付けは、良い投票者が支持政党に基づいて知らない人物に投票することも許容するかもしれない。ただし、この話が当てはまるのは次の場合である。すなわち、その政党のメンバーのほとんどが当選の暁には共通善を促進するだろうという点を、信じるに足る十分な理由がその投票者にある場合である。

この論証は次の点も許容する。すなわち、たとえどの政策が良いものか知らないとしても、誰かを当選させることも正当化されうる。オーブリーが無限の能力と善意を有し、上手に物事を成し遂げると、私が知っているとしよう。それゆえ私は、リーダーとして彼女が何をするかを知らなくても、彼女が良いリーダーとなるであろうということを知っている。よって、彼女が共通善を促進すると考えることについて、彼女がどのようにそうするかは知らずとも、私は正当化されている。

また、白紙投票と、投票そのものの間の違いの存在にも留意してほしい(12)。これら二種類の行為は異なり、別々に評価されるべきである。あなたは候補者を選ぶにはあまりに非合理的か無知なので、あなたは投票ではなく棄権すべきだということを、私の理論が含意するとしよう。もしそうだとすると、あなたが白票を投じることはまだ許容されうるかもしれない。(白紙投票がクリーン・ハンズ原理に違反するなら、そうすることは許可されないかもしれない。)

泡沫候補への投票と個人のポイ捨て

当選の見込みのほとんどない泡沫候補に投票する人々がいる。ジョン・テイラー・ボウルズは、二〇〇八年のアメリカ合衆国大統領選挙の(アメリカ合衆国最大の勢力を持つ国民社会主義政党である)国民社会主義運動の候補だった。もしボウルズが当選していたなら、ヒトラーが権力を掌握したときと同程度とはいかずとも、これは大惨事になっていただろう。ボウルズの当選のチャンスがごくわずかでも、ボウルズへの投票は間違いとなっただろうか？(ボウルズへの票がどれくらい投じられたか、私にはわからない。だが、それは一万票以下だったということを、私は確信している。)

サンタクロースに投じられた六二票が本当の投票ではないのと同様に、ボウルズへの投票は本当の投票とカウントされない、と主張する人もいるかもしれない。だがおそらく、ボウルズの支持者らは、彼に大統領になってほしかっただろう。投票したとき、彼らは真摯だった。もしかすると、サンタクロースに投票した六二人は、わざと自分の票を無駄にしたということの方がありそうだけれども、彼らは同様に真摯だった（か騙されていた）のかもしれない。論証のために、私は全ての実在かつ存命中の人への真摯な投票を真正な投票とみなす。そうでなければ、著しく不利な立場にあるマイノリティの候補者に対する全ての投票が、「本当の投票ではない」と判定されるかもしれないという問題が生じる。緑の党の候補者のラルフ・ネーダーは、二〇〇八年〔の大統領選〕で本当のチャンスを有してなかった。またある意味では、共和党のバリー・ゴールドウォーターは、一九六四年の大統領選で大したチャンスを有してなかった。だが私は、彼らの支持者が真正な投票をしていると判定したい。

では、過激な泡沫政党へ投票する人について、論じられるべきことは何か。当選の可能性が本当にある悪い候補への投票の期待負効用は大きくない。したがって、明らかに、ひどい泡沫候補への投票の負効用の期待値も大きくない。しかし、私が行っている論証は、一票の負効用に依拠しない。

公共善・公共財に基づく論証は、次のように論じる。すなわち、皆が投票する義務を負うのは、良い統治は公共財（すなわち、非競合的で非排除的な財）であり、棄権はこの財の提供にただ乗りすることになるからであると論じる。前章で私は次の点を示した。すなわち、棄権は必然的にただ乗りとなるわけではなく、それゆえたとえ共同体の成員は自身の役割を果たす義務を負うとしても、このことは必然的に彼らの役割に投票が含まれることを示すわけではない。

しかし、公共善・公共財に基づく論証の最初の前提は正しい。良い統治は公共財である。良い統治が公共財であるという事実から生じる義務もある。公園が公共財である点を想起してほしい。そうだからといって、その財から利益を得る全員に能動的に公園を管理する義務があるということは含意されない。芝刈り・ゴミ拾い・肥料の散布などを、全員が行う必要はない。しかし、（その財から利益を得ない人すら含む）誰もが、公園を荒らさない義務を負う。公園にポイ捨てすることは間違っている。あなたが公園でポイ捨てすることは間違いである。たとえあなたが、ただ一人のポイ捨てをする人だとしても、である。たとえ誰も見つけられそうにない人目のつかない場所にあなたがポイ捨てするとしても、である。ポイ捨ては、性的暴行や殺人のような凶悪な間違いというわけではない。だがそれでも、ポイ捨ては間違っている。

公園をきれいなままに維持したいなら、自分がポイ捨てしたゴミが発見されるかどうかを勝手に判断してほしくはないだろう。「他者がゴミを発見せず、ゴミが他者を困らせないとあなたが信じるなら、ポイ捨てしていい」という形の規則は、たくさんのポイ捨てを招く。我々が公園をきれいにする方法は、ポイ捨てに関するもっと定言的な禁止をすることである。

ポイ捨てがなければきれいなままの公園にあなたがポイ捨てをするなら、あなたは他者の良い行いに付け込んでいることになる。あなたがゴミを片付けないときに、他者がゴミを片付けるコストを被るのは、不公正である。ポイ捨てをする人々は、ポイ捨てをしない残りの我々に付け込んでいる。我々は、公園を美化するコストを被る。ポイ捨てをする人は、このコストを被らないのに、利得を享受している。

悪い泡沫候補への真摯な投票を行う人は、ポイ捨てをする人〔と同じ〕である。良い統治は公共財である。良い統治を提供する義務が彼らにあるわけではないものの、彼らは制度を汚染すべきでない。（ロマスキーとブレナンの用語を使うなら）有害な候補者に彼らが投票するとき、彼らは他者により多くの負担を課している。誰かがジョン・テイラー・ボウルズに投票するときはいつでも、少なくとも二人の別の人が何らかのより良い候補者に投票しなければならなくなる。ボウルズに投票する人たちは、価値ある候補者に投票する人たちに付け込んでいる。[13] ボウルズに投票する人は、彼らが好むと考える社会システムの下で苦しまないといけなくなるのではなく、まっとうな統治システムの下の生活の恩恵を享受する。残りの大多数である我々がまっとうな統治を提供するほど十分に合理的であるというコストを負うのに、彼らはそのコストを負わない。悪い結果を招かないと考えているからという理由だけで、有害な候補者に人々が自由に投票してよいとすることを、我々は望まない。人々が自由にそうしていいという事実それ自体が、悪い結果をもたらす見込みを持つ。悪い結果を招かないと信じているときに人々が自由にポイ捨てしていいとき、その事実が悪い結果をもたらすだろうということと、この点は同様である。

悪い泡沫候補への投票者は時折、投票という行為を通して道徳的に悪い態度を表明しているともみなされうる。ブレナンとロマスキーが言うように、「〔悪名高いアメリカの白人至上主義組織の一つである〕KKK（クー・クラックス・クラン）への票を投じることは、道徳的に重大な仕方で、KKKが信奉する人種差別的な政策と同調することである。[14]」彼らは、この点を、古代ローマの闘技場でキリスト教徒を食い殺すライオンに歓声を上げる観客になぞらえる。歓声を上げることはキリスト教徒にそれ以上の危害を加えるわけではないが、それでも歓声を上げることは間違いである。間違った行為への称賛は間違っている。「ＫＫＫがこの国を運営すべきと私は思う」と私が真摯に言うなら、私は人種差別的な態度を示し、それによって間違ったことをしている。ＫＫＫへの一票はとるに足らない。だが、その候補者の価値を投票によって支持することは、道徳的に不愉快な事柄である。（注記：言論の自由はここでの論点ではない。卑劣な態度を表明する権利を人が有するかという議論が行われているわけではない。ここで議論されているのは、卑劣な態度を表明することが正しいかどうかという点である。）

まぐれ当たりの投票

時として投票者は、間違った理由の下正しい仕方で投票することがある。これは珍しいことではない。いつでも人々は、間違った理由の下で正しい事柄を信じたり行ったりする。信頼できない推論手法が、常に間違った答えをもたらすわけではない。数学教師が生徒の途中式も採点するのは、しばしば生徒が幸運な失敗の積み重ねによって正しい答えに偶然辿り着くからである。『我が闘争』を神聖な無謬のテキストとする人も、正しい政治に関する信念を持つに至ることもあるかもしれない。ヒトラーだってときには真実を語るからである。

論証のために、二〇〇八年の大統領選において次の点を想定しよう。オバマは二人の主要候補者の中でより良い候補者であった。ただ、オバマの支持者の多くは、オバマやマケインの政策提案や人柄について判断する立場になかった。彼らがオバマに投票した理由は、オバマの話術や感情的な魅力や、自己像のため、もしくは仲間にそう圧力をかけられたからである。あるいは仮想的な事例として、ある妄信的な人がオバマに投票するとしよう。その理由は、オバマがアメリカを破壊すると確信し、この妄信的な人はアメリカが破壊されることを見たがっているからである。

この事例で人々は、間違った理由で正しく投票している。私はこれをまぐれ当たりの投票と呼ぶ。まぐれ当たりの投票が起きるのは、実際に有益な政策やその政策を制定しそうな候補者に市民が投票するが、これらの政策や候補者が良いものであると信じる十分な正当性をその市民が有さないときである。

まぐれ当たりの投票をする人は、自分がまぐれ当たりの投票をしていると知らない。彼らがまぐれ当たりの投票をしていると知るには、自身の投票が共通善に寄与すると信じることについて正当化されていないと知る必要があるだろう。だが同様に彼らには、自分の投票が共通善に寄与するだろうと知る――それゆえそれを信じることについて正当化されている――必要もあるだろう。

許容不可能なリスクを課さない義務

まぐれ当たりの投票をしない義務が人々にある。たとえ、仮定により、多くの人々がそのように投票したなら、良いことが起きるであろうとしても、である。まぐれ当たりの投票者は、定義上良い選択肢を選ぶ。それでも、まぐれ当たりの投票をせず、投票をやめる義務が彼らにある。

まぐれ当たりの投票が間違いなのは、それが許容不可能なリスクを課すからである。特定の行為を控えるべきときが――たとえそれらの行為が、〔実際にやってみたときに〕良い結果をもたらすのであっても――人々にはある。なぜなら、たいていの場合には、それらの行為をすることが、悪い結果をもたらすからである。良いことが起きるとしても、それは偶然にすぎないのだ。

私が深刻な気管支炎を患っていると想定してほしい。主治医は、治療上の助言を求めて呪術医に相談した。その呪術医は、動物の脂肪を燃やし、アルファベットスープに投げ入れ、浮かび上がる文字を読む。奇跡的に、浮かび上がった文字は「プレドニゾン」[6]となった。主治医は、プレドニゾンの処方箋を書き、それはたまたま正しい薬であった。ここの主治医の処方はまぐれ当たりである。主治医の治療に従うことは、良い帰結をもたらすだろう。しかし、主治医は何か間違ったことをしている。主治医は、信頼性をかなり欠く決定手法を用いて、処方箋を作った[7]。主治医のこの手法の利用は、私に深刻なリスクを課した。この事例で、私は幸運だったにすぎない。

あるいは、次の事例を想定してほしい。私は、原子力工学や物理学の訓練をほとんど受けていないにもかかわらず、自身の家の地下室に原子炉を建てることに決めた(15)。この原子炉が爆発し、隣人を死に至らしめる可能性は九〇パーセントである。だが幸運にも、そうならなかった。ここで私は、実際に隣人に危害を加えたわけではないとしても、私は何か間違ったことをしている。すなわち、危害の過大なリスクを隣人に課してしまったのだ。

今、政府首脳陣が同様に信頼性の低いリスキーな手法を用いて政治的な決定を下したと想定しよう。もしそうなら、彼らは、市民に対して過失のある仕方で行為したことになる。これは、前述の例でいう、主治医の私に対する過失と同じくらいの過失である。彼らがたまたま良い政策を採用したとしても、間違ったことをしたことに変わりはない。信頼性のない意思決定手続きを用いて、彼らは市民に不当な危害のリスクを課した。

投票者らが悪い理由で良いことに投票するとき、彼らは前述の例の人々とほぼ同様の間違った振舞いをしている。彼らは、同胞市民に不当なリスクを課す。しかし、幸いにも誰にも危害は及ばない。

政策選択において被治者を不当なリスクに晒さないという、被治者に対する集合的な義務を、有権者は負う。被治者は、不当なリスクに晒されない権利を持つ。選挙が、信頼性のない認識的手続きや正当化できない道徳的態度に基づいて行われるとき、被治者は不当なリスクに晒される。それゆえ、（集団としての）有権者は、この仕方で選挙を決着させてはいけない。

個々の投票者が悪い理由で投票すべきでない理由を説明する論証は、個々の投票者が有害な仕方で投票すべきでない理由を説明する論証と、ほぼ同じである。集合的活動への参加の倫理は、ここに当てはまる。一人ひとりの個人は、不当なリスクを課す行為に参加しないことで被る個人的コストが少ないなら、そうした行為に参加すべきでない。まぐれ当たりの投票をしないことは、わずかな個人的コストしか課さない。それゆえ、個人は、まぐれ当たりの投票をすべきでない。被治者に不必要なリスクを課さないという彼らへの義務を、有権者の大多数が負う。一方で、不当なリスクを課す集団に参加しないというお互いに対する義務を、我々個人の投票者が負う。

これらの論証は、不当なリスクの観念に依存する。だが、何が不当なリスクとなるのだろうか？ロバート・ノージックは問う。「誰かの権利を侵害する危害の可能性がその人の権利を侵害するようになるには、どれくらいの大きさの可能性が必要なのだろうか？」[16] より広義には、どれくらいまでの危害の可能性の深刻さなら、我々はそれを他者に課すことを許されて、間違いと判定されないのだろうか？

我々がともに生活し豊かになるためには、ある程度のリスクを課すことは許される必要がある。私が運転するときにいつでも私は、無辜の通行人や他のドライバーに何らかのリスクを課す。しかしこれは通常、間違った行為とは判定されない。しかし、飲酒運転は間違った行為である。

私はここで、許容可能なリスクの完全な理論を提供するわけではない。まぐれ当たりの投票に反対する論証は、不必要で許容されないリスクの観念に依存する。しかし私は、許容不可能なリスクの判定の必要十分条件を提示できない。（とはいえ、時として我々は、必要十分条件を提示できないとしても、物事を区別するのに熟達していることがある。私は、犬であることや猫であることの必要十分条件を提示できないが、犬と猫の区別をほぼ完璧にできる。）

それでも、他の哲学者は、許容不可能なリスクの理論を構築する上で、いくつかの進展をもたらしている。リスク研究〔倫理学的研究〕の第一人者であるスヴェン・オヴェ・ハンソンは、次の原理を提唱する。

> 人にリスクを課すことが許容されるのは次の場合であり、その場合に限る。すなわち、それが、リスクを課される人にとって有益に働く公平な社会制度の一部である場合である。(17)

私には、ハンソンの見解が正しいかわからない。[8] だがここでは、必要に応じて、単純に彼の理論に乗っかることにする。

我々はリスクをとることを許容する必要がある。リスクのある行為は、個別の行為としてというより、行為類型として道徳的に評価される。我々が問うのは次のような事柄である。すなわち、「この種の行為を許容する規範は、人々の助けになるか、害になるか？　危害となる行為の種類の中で、その危害は、他者の利益のための手段として行われるのか、偶然の産物なのか？　その害はどれくらい悪くて、その益はどれくらい良いのか？　この種のリスクの許容は搾取となるか？」[18] 他者にリスクを課すような類の行為が正当化されるのは、それが全員（特にリスクを課される人々）にとって有益であり搾取的でないという限りにおいて、である。

政治権力を有する人々が信頼性のない（希望的観測や同調圧力に基づく信念形成のような）信念形成手続きを用いて決定を行うとき、これは被治者に高いレベルのリスクを課す。これは被治者の利益になることもなくはないが、基本的な傾向としては被治者への害となる。

冗長性

まぐれ当たりの投票の間違いの理由の説明は、言い訳の余地のない有害な投票が間違いであることも含意する。言い訳の余地のない有害な投票も、不当なリスクを課すことにつながる。有害な投票が起きるのは、不当にリスキーな意思決定手法を用いて人々が投票し、その手法が悪い結果をもたらすときである。まぐれ当たりの投票が起きるのは、不当にリスキーな意思決定手法を用いて人々が投票し、その手法が良い結果をもたらすときである。

しかし、この〔リスキーな意思決定手法の使用と悪い結果の招来という二つの構成要件から成る有害な投票と、前者のみが構成要件となるまぐれ当たりの投票を考えると、二つの構成要件から成る有害な投票を検討する必要はないのではないかという〕冗長性は容赦されるべきである。この冗長性の理由の一つは、まぐれ当たりの投票へ反対する論証は不当なリスクという複雑で論争的な論点に基づくからである。よって、もしその論証がまぐれ当たりの投票の間違いを示せないとしても、前述の論証は、言い訳の余地のない有害な投票の間違いを示すことには成功するかもしれない。

　言い訳の余地のない有害な投票にはおそらく、さらに別の反対すべき理由がある。まとめて考えると、まぐれ当たりの投票と言い訳の余地のない有害な投票の両方が、不当なリスクを課す。しかし、言い訳の余地のない有害な投票は、害も与える。

　有害な投票とまぐれ当たりの投票の間の違いは、不法行為法における単なる過失と責任の違いに似ている。人に過失があるのは、ある人が他者に対する注意義務に違反するときである。しかし、過失があり、加えてその過失が他人の損害へと帰結した場合には、責任を問われる。まぐれ当たりの投票は、損害へと至っていない過失である。だが、言い訳の余地のない有害な投票は、損害へと至った過失である。不法行為の事例において一般的に、後者〔の責任〕の場合に賠償責任を負い、前者〔の過失〕の場合に賠償責任を負わない。例えば、我々が交通事故に遭ったとして、私に過失があったとしよう。もし衝突事故があなたやあなたの財産を傷付けるものでないなら、あなたは私から損害賠償を受け取ることはできない。もし何らかの形で衝突があなたを傷付けなかっただけでなく、あなたの境遇を良くしたとしよう。この場合も、あなたは私から損害賠償をもらえない。しかし、事故があなたやあなたの財産を傷付けたなら、あなたは私から損害賠償を受け取ることができる。

宗教的な投票

政治的な熟議や決定において、市民は宗教的信念を利用してもよいかということについて、現在大きな論争になっている。(19) 宗教的投票は、全く特別ではない。非宗教的な投票に該当する規範が、宗教的な投票にも該当する。ある投票者がXに投票したが、Xが共通善を促進することを信じることについて正当化されていない場合、その投票者は間違ったことをしたことになる。その投票で宗教が果たした役割は関係ない。Xが共通善を促進すると信じることについて正当化されているなら、その投票者は正当に行為した。その投票で宗教が果たした役割は関係ない。

論証のために、宗教的な投票者を次のような人を指すものとする。すなわち、いかなる種類のものであれ超自然的・魔法的な実体や特徴に関する信念に基づいて投票をする人が、宗教的な投票者である。この広い定義は、例えば、アブラハム的一神教の信者、ヒンドゥー教の信者、ほとんどの仏教の信者、ニューエイジ運動の精神主義者、気やチャクラを信じる人などを含む。(宗教的信念を持つが、その信念が投票に影響しない人は、この定義では宗教的な投票者と判定されないことに留意してほしい。)

四人の異なる宗教的な投票者を検討しよう。

1. ベティは、論拠なしに、あるいは圧倒的な反証の存在にもかかわらず、信仰に基づいて超自然的な事柄を信じている。それゆえベティは、超自然的な事柄に関する信念について正当化されていない。

2．クリスは、信念〔形成〕の手段としての信仰を拒む。彼は、信頼できる推論手法と確かな論拠を基に、超自然的な事柄を信じる。彼の超自然的な事柄に関する信念は、クォークに関する物理学者の信念と違いない。通常の認識論的な基準に従えば、超自然的なことに対する信念に関してクリスは正当化されている。

3．ディヴィッドは、クリスのようになろうとするが、失敗する。彼は、信念〔形成〕の手段としての信仰を拒む。代わりにディヴィッドは、論拠が超自然主義を強力に支持すると、信じている。しかし、ディヴィッドは、論拠を誤って解釈し、正当化された信念を有していない。ディヴィッドは間違いを犯したが、それは誠実な間違いである。彼は、非合理的な信念を持つに至ってしまった。しかし、彼は合理性への真正なコミットメントを有し、全体的には高度な認識的徳も有している。

4．エドワードは自身をクリスのような存在だと考えているが、実際はそうではない。エドワードは、自身の合理性に関して〔自己〕欺瞞的である。エドワードは、理性に基づき自分の信念を決定すると思っている。しかし、実際の彼は、信仰に基づいて信念を決定する。エドワードは、彼の超自然的な〔事柄に関する〕信念を合理化するのに多くの時間を費やしている。しかし、彼の論証は筋の通ったものではなく、論拠も乏しい。ディヴィッドの推論の間違いは失敗していたものの誠実だったが、エドワードは知的に不誠実であり堕落している。

これらの四人の投票者の特徴を、我々は次のように特徴付けることができよう。ベティは信仰に基づく有神論者、クリスは成功した合理的な有神論者、ディヴィッドは失敗した合理的な有神論者、エドワードはエセ合理的な有神論者である。ディヴィッドが失敗したと私が論じるとき、彼の信念が間違っているということを意味してはいないことに留意してほしい。むしろ、私が意味しようとしているのは、彼の論拠を所与にすると、彼は超自然的実体を信じるべきではないということである。ここで私が考慮しているのは、彼らの信念の真実ではなく、そうした信念に対する彼らの正当化のレベルである。信念の真偽は関係ない。

投票の倫理に関する私の理論によると、ベティ、ディヴィッド、エドワードが宗教的信念に基づいて投票するとき、彼らは間違った投票をすることになる。ベティ、ディヴィッド、エドワードの全員が、自身の宗教的信念について正当化されていない。彼らが投票するとき、彼らは言い訳の余地のない有害な投票者かまぐれ当たりの投票者になる。対照的に、投票の倫理に関する私の理論だと、クリスは宗教的信念から投票しても、間違いでない[20]。

抽象的にいえば、宗教的な投票はさして興味深いものではない。宗教的信念から投票してよいかどうかの基準は、社会科学的な信念から投票してよいかどうかの基準と変わらない。より興味深い問いは、実際の宗教的な投票者はどのようなものかという問いである。宗教的投票者のどれくらいの割合が、ベティやクリス、ディヴィッド、エドワードに似ているだろうか？　私の理論が述べるのは、クリスは良い投票者であり、他の人はそうではないということにすぎない。実際の宗教的投票者がどのようなものかについて、本書は立場を明確に示さないでおく。これについて旗幟を鮮明にするためには、適切な認識論の理論の取り入れと、それを用いた実際の投票者に対する優れた社会科学的な調査とインタビューに基づく評価が必要である[21]。

反論：政策ではなく人柄に投票する人々

私の立場への一つの反論は、投票者は政策ではなく人柄に基づいて投票をする傾向があるというものである。人々は、異なる目的を達成するために提案された異なる政策の有効性を評価するのが苦手だとしても、候補者の人柄の判断ならばかなり得意かもしれない。もしそうなら、反論は次のように続く。ほとんどの投票者は投票するときに、間違った行為をしていないことになる。

かなりの程度で、人柄に基づく投票は、間違った理由で投票することになる。[22] 我々が誰かを当選させるということは、我々がその者に権力を与えるということである。その権力は、良いことにも悪いことにも利用されうる。大統領職は、その人の人柄に尊敬を示すためにある名誉職ではない。誰かを大統領の座に据えることは、勲章や表彰状を授けることではなく、国家を（一部）コントロールする力を与えることである。国家とは、規則を作り、暴力と暴力の脅しによって無辜の人々をこれらの規則に従うようにさせる機関である。大統領となる人が国家をコントロールするのに適任であることを、我々は確信していないといけない。

よって、人柄に基づく投票が許容可能なのは、候補者の人柄が、生み出しそうな統治の質の良さの代わりの指標となる限りにおいてである。人柄の良さと政策の良さがどれくらい相関するかは、ほとんど経験的な問いである。もし誰かが道徳的に腐敗しているなら、その人が国家権力を共通善の促進ではなく個人的な利益のために用いる可能性が高い。しかし、正義感の強い高潔な政治家も、誤った考えに深く囚われ、あらゆる種類の反生産的で有害な政策に固執しているかもしれない。正しい価値観を持つだけでは、良い政策の形成に不十分である。なぜなら、ある特定の政策のセットがこれらの価値を実現する見込みを知るには、社会科学的な知識が必要だからである。無能な外科医も高潔な人でありうるのと同様に、無能な政治家も高潔な人でありうる。ある政治家が有害な政策を制定しそうであるという確かな論拠があるなら、たとえその政治家が良い人であるとしても、（十分な理由なしに）その政治家に投票すべきではない。候補者の道徳的徳に基づく投票が良い投票と判定されるのは、その徳がその候補者による良い政策の制定の見込みの論拠となる限りにおいてである。

この反論は、道徳的徳というよりも政治的手腕の観点から理解しなおすこともできるだろう。政治家は、自身の長年の経験と超党派的な活動で成果を生み出す能力を自画自賛する。それでもなお、たとえ投票者がこうした政治的手腕をよく見極め、それに従って投票するとしても、その手腕が悪い政策の制定につながるかもしれない。ある上院議員には、法案を通過させる優れた能力があるかもしれない。しかし、通過させた全ての法案は有害だったかもしれない。道徳的人柄に基づく投票が良い政策上の結果を生み出すための信頼性の高い方法であるとは明白にいえないのと同様に、この種の政治的手腕に基づく投票も信頼性の高い方法ではない。

反論：表出的投票

投票者は、良い政治的結果のために投票する義務を負わない。このようにジェリー・ガウスは論証する。これ〔良い政治的結果のために投票する義務を負うとする考え〕は投票の目的の観点を狭く捉えすぎている、とガウスは述べる。ときには、投票は良い結果を生み出すことではなく、態度の表明に関連する。[9]

ガウスは、正当化に着目するリベラルである。すなわち、彼の考えでは、法はそれに服する理に適った人々に対して正当化されなくてはならない。このことから、公共的な正当化の不可能な法への投票を市民はすべきでないと彼が考えると、予想する人がいるかもしれない。驚くべきことに、彼は「礼節の最小義務（minimal duty of civility）」と彼が呼ぶものに反対する。

礼節の最小義務：Lは公共的に正当化されていないとアルフが考える場合、（政治フォーラムで）彼が公共的にLを支持したり、Lに投票したりしたら、アルフは礼節の義務に違反する。アルフが「正当化された形で」Lへの支持（投票など）が公共的に正当化された結果をもたらすのを助けると考えるのでない限りは、そうである。[23]

（この定義における「でない限りは」の条項は、戦略的投票を許容するためにあることに注意してほしい。）

ガウスは、全ての投票が道具的というわけではないと論じる。人々が、常に良い政策の結果を生み出すために投票するわけではない。彼らは表出的かつ象徴的な理由のために投票することもある。彼らは現状への不満や貧困層への配慮の表明のために投票することもある。投票の意味が、単に人の利害関心を伝える点にある場合もある。

現実問題として投票者はしばしば表出的かつ象徴的な理由のために投票するという点に関して、私はガウスに同意する。しかし、たとえそれが事実だとしても、彼らのその投票が許容可能であるということにはならない。私の観点では、人々は道具的に投票するか、全く投票するべきでない。あるいはより精確にいうと、投票の際にどんな動機を持っても構わないが、共通善を促進すると正当化された形で信じられる仕方で投票しないといけない。

ガウスは「投票者は表出的な政治的関心を有しており、彼らを政治から除外するには、強力な正当化が必要となる。投票と立法の成果の間接的なつながりを所与とすると、こうした正当化がもたらされるかどうかは明らかではない(24)。」と述べる。続けてガウスはこのように述べる。「投票者は、彼らの政治的自由を自身の懸念と希望を伝達するために使う。この意味で、［政治的アリーナは］、意思決定システムであると同時に、情報収集システムである(25)。」

したがって、ガウスの論証は、〔次の〕二つの主張に基づくものであるようだ。第一に、投票は直接的に立法上の成果をもたらすわけではないので、投票者に礼節の義務があるか不明確である。投票者ではなく立法者が、法案を通過させる。（もちろん、二〇〇八年のカリフォルニア州のプロポジション八号〔10〕のように、時には投票者が直接的に法を決めることもある。）投票者ではなく立法者が、法に対する最終的な責任を負う。第二に、投票は政治的リーダーに情報を提供する。リーダーは、何をするか決めるために、この情報を用いることができる。

制定されそうな法からではなく候補者から投票者が投票先を選ぶときですら、投票者は誰に統治を委ねるかを選ぶ。本書の私の主張は、候補者は一般的には投票者の欲するものを与えようとするという経験的な前提に依存している。経験的研究は、この点がそうであることを示す[26]。もちろん、候補者らは日常的に約束を破り、自身を偽って表す。それでも一般的には、特定のイデオロギーを持つ候補者を当選させることは、そのイデオロギーに沿った結果を生む傾向を有する。

一九三二年のドイツで国民社会主義者（＝ナチス）を権力の座に据えた投票者らに、新政府が行った全ての事柄の責任を負わせることはできないということは、もちろんである。だが、政府の行ったことのほとんどは、理に適う形で情報に精通した人なら誰でも予見可能であった。よって、彼らの支持者は非難に値する。

ガウスの第二の主張は、投票は情報収集システムであるというものである。残念ながら、これによってガウスが意図することは不明瞭である。彼が意図しているかもしれないことの一例は、次のものである。もし、平均以上の投票率があったのならば、当選議員はこれを不満の表明とみなすべきで、この不満を緩和するために何か変化を起こすべきである。彼らが起こすべき変化は、投票者らが求めるものではないかもしれない。結局、投票は常に道具的に捉えられるべきだというわけではないと、ガウスは論証している。だが、ガウスの第二の主張は、第一の主張と同程度に問題がある。投票者が自身の懸念と希望を伝えるために投票するものの、投票がうまくなされないならば、共通善は害される傾向がある。

投票は「戦争と平和、自由と抑圧、貧困と平等と同じくらい深刻な結果を決める」ので、我々は「一票を激しい自己表現の一形態としてみなす[27]」べきではない。市民は表出的な理由ではなく、道具的な理由で投票すべきである。なぜなら、投票はリーダーを決めるからである。投票者には、自己表現の他のより良い仕方がある。投票者は、新聞の編集者に投書を送り、抗議し、集会に参加し、信念のために献金活動をし、本や記事やブログを書き、映画を作り、絵を描き、互いに語り合うことができる。投票ほど直接的な政治的結果をもたらすわけではない自己表現のはけ口が、彼らにはたくさんある。

あなた方のほとんどが、表出的な理由で明らかに悪い大統領候補者に投票する場合を考えよう。あなた方は正当に、現状に不満を抱いているかもしれない。ただ、あなた方は、その候補者のことを、その候補者が好む政策を、その政策がもたらしそうな結果を、調べる手間を惜しんだ。あなた方の投票の結果として、その候補者は今や大きな権力を持つに至った。彼は、たくさんの有害な政策を導入し、その中には私にも被害が及ぶものがある。私にはあなた方への道徳的な文句がある。自己表現の手段として私に悪い統治をもたらすなんて、よくそんなことができたものだ！　もしあなた方が怒っているなら、詩を書けばいい！(28)

あるいは他の事例を考えよう。(29) サンダは、ミャンマーからアメリカに来た移民であり、最近アメリカの市民権を得た。次の選挙は、彼女が投票する最初の機会となるだろう。サンダは投票したがっているが、良い投票者となれるほど多くの事柄を知っているわけではない。（彼女は最近市民権を得るのに必要なアメリカ市民権テストに合格したが、試験の公民分野のほとんどの問題が、施行されそうな政策の評価とは無関係な雑学や面白ネタで占められていた。）彼女は、民主主義の中で生活することに興奮している。なぜなら、彼女は民主主義を、共通善の促進と社会正義の確保の良い手段として見るからである。彼女は、統治の民主主義的制度への献身を表出したがっている。投票は、同胞アメリカ国民との連帯を感じることを可能にする。彼女は悪い投票をするだろうが、これが誰かに危害を加える可能性は消え入るばかりに小さい。サンダの投票は許可されないのだろうか？

道徳の主題は、行為の正しさと間違いの問題だけでなく、様々な動機の良し悪しも含んでいる。あなたは間違った理由で正しいことをできる。また、正しい理由で間違ったことすらもできる。私がここで提示した理論によると、サンダが投票すると、彼女は間違った行いをする。たとえそうでも、彼女の道徳的性格に悪い欠陥があると意味されるわけではない。彼女は、正しい理由で間違ったことを行っているのかもしれない。彼女の行為は厳密にいうと間違いだが、彼女の動機は蔑むべきものではない。

サンダは、部分的には良い態度——社会正義を生成する手段としての民主主義への献身——の表現の手段として投票する。それにもかかわらず、彼女の行為はどこか奇妙である。彼女は民主主義への献身を表出したがっている。だが、何らかの理由で、彼女のこれまでの最初の投票する機会において、うまく投票できる立場に自身を置けなかった。これは幾分倒錯的である。投票を通して民主主義への献身を表現したいのであれば、うまい投票をするために時間をかけることを我々は期待するのではないだろうか。私があなたにこう言うと想像してほしい。「私は民主主義への献身を表現したい。私の献身を表現するために明日、私はたくさんの候補者たちに投票するつもりだ。彼らは、様々な私が理解していない論点に様々な立場をとっており、私は彼らのことについてわずかな事柄しか知らない。ひょっとすると、私の思いどおりにすると、それはこの国にとっての大惨事かもしれない。私がたった一人の投票者でなくて良かった！」私がこのように言ったら、あなたは私の行いに不快感を抱くか、少なくとも奇妙だと思うだろう。サンダは自身をこのような形で述べているわけではないが、それでもこれが彼女のしていることである。

悪い投票をすることで、サンダは集合的に有害な活動に参加している。一般的に、投票の喜びや自己表現の欲求は、悪い投票の言い訳にはならない。自己表現の喜びや欲求は、公園のポイ捨てや銃殺部隊への参加の言い訳にならない。一見したところ、悪い投票は公園のポイ捨てや銃殺部隊への参加と同じくらい悪いわけではないように思われるかもしれない。しかし、民主主義が生死につながる決定を行い、暴力と暴力の脅しを通して無辜の人々に規則を課すことを、忘れてはならない。時に、間違った候補者への投票は、銃殺部隊の思考実験で追加の射手になることとかなり似ていることとなる。例えば、国家が犯罪とすべきでない事柄を犯罪化する意図を持つ候補者をあなたが当選させたら、あなたの意図と表出的欲求がどれほど崇高なものだとしても、あなたは無辜の人々の抑圧に手を貸している。

そうはいっても時折、表出的投票は、道具的な投票の方法でもあることがある。時には、（悪いものですらある）泡沫政党や特定の候補者への投票が主流政党の行いを改善すると予見されるので、このような投票が共通善を促進すると投票者の一団が正当化された形で信じることができるかもしれない。時には、投票を通して不満を表明することが共通善を促進すると、投票者が正当に信じていることもある。この種の事例では、投票者らは戦略的に投票しているとされる。投票の倫理の私の理論は、戦略的投票を許す。（この論点のより進んだ議論については、第五章を参照。）ガウスが擁護し、私が批判する種の表出的投票は、より洗練されたこの形態の表出的投票とは異なる。本節で我々が議論したのは、自己表現のために投票するが、彼らの自己表現の効果の内容についての見解を有さない投票者についてである。

反論：この命題は自己否定的である

私は、悪い投票をするであろう人々は投票すべきでないと論証する。しかし、悪い投票者として私が述べる人々は、投票をしない義務がある人々に自分が含まれることに気付かない可能性が高い。少なくとも一つの事例を通じて、非科学的なやり方ではあるが、この点を検証しようと思い、悪い投票を体現していると思われる人と私の命題について議論してみた。彼は、他の人々が投票すべきでないことに同意した。〔つまり彼は、私の主張を受け入れたのだが、それが自分に当てはまるとは考えなかった。〕さらに悪いことに、悪い投票者は投票すべきでないと良い投票者が聞いたなら、彼らの方が、間違いを犯すことをおそれて投票をやめてしまうかもしれない。〔つまり私の主張を聞いて投票を差し控えるのは、悪い投票者ではなく良い投票者の方でありうる。〕

それゆえ、本章の私の立場は、〔論証するとおりの結果がもたらされないという意味において〕自己否定的なのかもしれない。しかし、たとえそうだとしても、私の命題は単に、人々は悪い投票をすべきでないというものである。この命題を一般大衆へ宣伝すると世界がより良くなると、私は主張するわけではない。道徳について真実を伝えることが世界をより良くするかどうかということは、多くの偶然性に依存する。時には、真実を聞いて悪行に走ってしまうほどに人々が腐敗していることもある。

自己否定的な立場だからといって、必ずしも偽であるとは限らない。例えば、次の功利主義への特定の批判が正しいとしよう。すなわち、人々が功利主義を受け入れたら、功利主義の基準に照らして世界は悪化する、なぜなら、ほとんどの人々はこうした基準を採用するのに不得手だからである、という批判である。もしそうだとしても、これは功利主義の基準が偽だということが示されたわけではない。むしろそれが示すのは、我々はそれを宣伝すべきでないということである。ディヴィッド・ブリンクが記すように、正しさの基準と意思決定の方法は異なる。[30] 前者は、行動が正しいか間違っているかを決めるものは何かということに関する事柄であり、後者は、正しいことや間違ったことをどうやって行うか見極めることに関わる。アレックスにとっての良い手法は、ボブにとっての良い方法とは異なるかもしれない。なぜなら二人の認知能力は異なるからである。アレックスは計算が得意だが、ボブはそうではない。しかし、正しい行為の基準は、両者にとって同じである。意思決定の手法の要点は、彼らが正しい行為をとる手助けをすることである。[31] 本章で私は、正しさの基準を展開したが、意思決定の手法を提示してはいない。

これにもかかわらず、次のように論じる人もいるかもしれない。すなわち、当為は可能を含意するので、自己否定性は私の立場を損なう、と。人々がXすべきなのは、彼らがXできる場合のみである。人々が義務を負うのは、彼らが義務に従うことができる場合のみである。次のジレンマが提示されるかもしれない。自分が悪い投票者だと人々が気付くことができない場合には、〔本章の〕原理を遵守できず、それゆえ、その原理には服さない。他方、自分が悪い投票者だと彼らが気付くことができるなら、この気付きに基づいて自身を良い投票者へと変え、それゆえ、もはや義務に服さない。

これは偽りのジレンマのように見える。ふと頭が冴える瞬間に我々は、自分が悪い性格を有していたり、特定の仕方で悪い行いをする傾向があったりするということに、気付くこともなくはない。しかし欠点は、気付いただけではなおらない。我々は簡単に、以前の行動に戻ってしまう。例えば、ある人が同じ欠陥のある人々と繰り返し付き合っていると気付くかもしれないが、その気付きが問題を解決することはほとんどない。

別の懸念もある。すなわち、私の理論は、非合理的な投票者に対して、自分自身に関する知識を持つように命じるが、それは持つことが不可能かもしれない知識であるという点である。もしそうなら、私の理論は、当為は可能を含意するに背く――私の理論は、人々に彼らができない事柄をするよう命じていることになる。哲学者は一般的に、人がXするのが不可能な場合にその人にXする義務を負わせることはできないと結論付ける。よって、ここで提示された理論が投票者に不可能な事柄を要求するなら、その理論は偽となる。例えば、次のように想定しよう。ボニーは毎回投票するが、ボニーは政治について非合理的な考えを抱いており、たとえ頑張ってもそれをただすことはできない。自身が非合理的であるということを認識できないほど、彼女は非合理的である。彼女は自身が良い投票者であると信じており、そうでないと考えることもできない。私の理論が彼女に対して要求することは、自身が非合理的であることを知りなさい、それゆえに投票すべきでないことを知りなさいということではないか、と懸念する人もいるだろう。しかし、仮定により、ボニーはこれを知ることができない――これは彼女の能力を超えている。もしそうなら、私の理論は、当為は可能を含意するという原理に背くように見える。

この反論は間違いである。私は、非合理的な投票者は投票をやめるべきと論証した。ただこれは、自身が非合理的であることや、自身が投票をやめるべきであると知っている義務が彼らにあるということを含意するわけではないし、私はこのことを論証したわけではない。同様に、共通善を促進する事柄に投票していると投票者らは正当化された形で信じているべきと、私は論証した。ただこれは、自身が良い投票者であると投票者らが知るべきであるということを含意するわけではないし、私はこのことを論証したわけではない。私の理論が述べるのは、市民はうまく投票をするか棄権するべきであるという点である。自分が良い投票者か悪い投票者か知らないといけないと、私の理論がいうわけではない。それゆえこの理論は、不可能な事柄を市民に求めるわけではない。私の理論が述べるのは、ボニーは投票すべきでないという簡単な事柄である。ボニーが投票すべきでないということをボニーは知るべきであるという困難な事柄を、私の理論は述べているわけではない。

ただ、義務を負うことを知らない限り誰も義務を負うことができないという反論があるかもしれない。これは正しくないだろう。次のような事例を考えてほしい。私は兵士で、封をされた命令を上官から受け取った。命令は私にXを命じる。私は封を開ける手間を惜しんだので、Xする義務を負うことを私は知らなかった。それでも、私はXする義務を負う。たとえXする義務を負うと私が知らなかったとしても、である。

反論の別バージョンとして、Xする義務を負うと認識できない限り、人は義務を負うことができないというものを考えてほしい。（結局、前例の兵士は義務の内容を認識できた。だが、もしかすると非合理的な投票者は投票しないという自身の義務を知ることができない。）このバージョンの反論も間違いであるように思われる。私は飲酒運転をしていて、子どもが横断歩道を渡っているとしよう。私は酩酊状態にあるので、子どもを見ることができず、車を停止させるという自身の義務に気付くことができない。それでも私は停止義務を負う。停止義務を負うことに気付けなくても、私は義務から解放されない。なぜなら、自身の道徳的義務を認識できない状況に陥らないようにするという責任が、私にあったからである。停止義務の認識が不可能なのは私の失敗であり、それゆえ依然として停止義務が私にある。ボニーがこの飲酒ドライバーのようなものである限り、彼女は投票に関して非難されるべきである。

この反論の最後のバージョンは、Xする義務を負うということを原理上認識できない限り、Xする義務を誰も負うことができない、とする。（結局、飲酒したドライバーはお酒を飲みさえしなければ停止義務を負うことを原理上知ることができたし、そんなにたくさん飲まないという選択もできた。）これは、他のバージョンの反論よりも妥当であるように思われる。もしボニーが投票しない義務を負うと原理上でさえ認知できず、それが彼女の責任ではない（つまり、彼女が非合理的なのは彼女の責任でない）のなら、彼女は悪い投票をしない義務から解放されうる。だが、このような悪い投票者はほとんどいないだろう。悪い投票者の多くは、自身が悪い投票者であると認識できる。自身が悪い投票者だと認識できない人も、その大半が自身が悪い投票者だと知れない状況にあることに責任がある。大多数の人は、努力さえすれば、より合理的になれるだろう。

悪い投票者らは投票すべきでないという観点は、実践的な結果をもたらす。時折我々は、たとえ悪癖をやめることができないとしても、その悪影響の一部を最小化できる。例えば、食べすぎる人は、今後食欲にかられたときに、手に届くところにあるどんなジャンクフードも食べてしまうことを合理化していることに気付くことが時々ある。それゆえ、食べすぎてしまう人の一部は、ジャンクフードを自分の家に置かないし、ファーストフードのレストランの前を通らないよう遠回りして通勤する。自身が悪い投票者となる傾向があることに自覚できたなら、自身の投票行動を改善させるような行いをできるかもしれない。あるいは少なくとも、私がうまい投票をできる立場にいなかった事例と同様に、棄権を選択できる。

まとめと結論

投票者は、自身が支持する政策や候補者が共通善を促進すると正当化された形で信じているべきである。そうでなければ、投票を棄権すべきである。

本章は、ある人が投票することを道徳的に許されるとされるのはどのような場合か、についての一つの理論を提示した。しかし、それは、他者に投票を勧めることが許されるかどうかということや、他者の投票を阻止しようとする義務の有無に関する理論ではない。よって、次の場合を考えよう。スティーブは非合理的だが、まぐれ当たりの投票者である。彼は偶然、間違った理由で正しい候補者を支持している。私の理論はスティーブが投票すべきでないとする——彼がそうするのは間違いであり、投票すれば彼は非難に値する。スティーブが投票することが間違っているとしても、スティーブに対してテレンスが投票を推奨することは許容されうる。（なぜなら、テレンスはスティーブがまぐれ当たりの投票をすると偶然知っているから。）より広い見地からこの点を述べると、まぐれ当たりの投票につながるという考えが十分正当化されている条件下では、たくさんの非合理的で無知な投票者に投票を促すコミュニティーのオーガナイザーになることは、許容されうる。私の理論が示すのは、まぐれ当たりの投票者が投票するのは非難に値するということであり、〔コミュニティのオーガナイザーである〕あなたが〔まぐれ当たりの投票者である〕彼らに非難に値すること〔である投票〕を促すことが非難に値するということではない[32]。

私は自身を民主主義の守護者だと思っている。投票過程は汚染がないままであってほしいと私は思っている。どんな民主主義の守護者が、自身のお気に入りの制度が汚される様子を見たいと望むだろうか？　多くの民主主義者は、民主主義の過程と価値の両方に関心がある[33]。民主主義過程から生成されたどんな結果も許容されるわけではない。民主主義の価値に沿うなら、それをもたらす過程が何であれ、どんな結果も許容されるわけではない。悪い投票者にも普遍的に投票権を与えることは、悪い投票者らの大規模な棄権よりも、過程を民主的にするかもしれない。だがそれは、この過程のもたらす結果がよりいっそう民主主義の価値に沿うものになることを意味しないのであり、それゆえ普遍的な選挙権への反対が本来的に非民主主義的であるということも意味しない。

人々が普遍的な、あるいは〔現状よりも〕拡大された参加を求めるとき、普遍的参加の制度の意味は何であるかを我々は問わねばならない。我々が民主主義を情熱的に愛するなら、普遍的参加が象徴するものを祝賀するかもしれない。しかし、実際の世界では、どのように制度が作用するか我々は考えなければならない。制度は人間ではない。制度はそれ自体として目的であるわけではないのだ[11]。また制度は絵画でもないのであって、その美しさや、それが象徴化する事柄、あるいはそれを描いた作者という観点から評価されるものではない。制度は〔人間とも絵画とも異なり〕むしろハンマーのようなものである――制度は、その働きによって評価される。良い制度は我々に良い結果をもたらし、悪い制度は我々に悪い結果をもたらす。

注

（1）本章は、有害性や不正義に関する特定の説明に固執するわけではない。ここでなされる論証は、何が有害性を構成するかという点に関する様々な観点と両立可能である。

（2）認識的民主主義論の擁護者の中には、コンドルセの陪審定理を用いて、良い政策を生み出す民主主義の傾向性を論証しようとする者もいる。こうした擁護者は、投票が正当化されているのは、投票者が間違った投票をする可能性よりも、正しい投票をする可能性が高いときであると主張するかもしれない。このコンドルセの誤用については、Estlund 2007, chap. 12; Gaus 2003b, 158–65; Estlund 1997, 185–186 を参照。

（3）無知の投票をもたらす集計の奇跡については、第七章で議論する。

（4）この仕方で用語が定義されたら、カント的な一般化の論証と似たお決まりの問題が生じる。

（5）Caplan 2007, 166–81; Less, Moretti, and Butler 2004.

（6）この類推を用いるよう推奨してくれた、ディヴィッド・エストランドに感謝する。

（7）Hooker 2000, 32.

（8）Hooker 2000, 159–74.

（9）Timmons 2002, 169–170 を参照。

（10）Hurthouse 1998, 28.

（11）Manning 1984, 217.

（12）この違いを指摘してくれた、ジュリア・ドライヴァーに感謝する。

（13）私が問うているのはボウルズへの投票が間違いかどうかという点だけであることに留意してほしい。ボウルズに投票する人が道徳的に邪悪な見込みが高いかどうかという別の質問を問うならば、その答えは明らかによりいっそう肯定的なものとなるだろう。

(14) G. Brennan and Lomasky 1993, 186.

(15) ディック・アーネソンのオンライン講義ノートから、私はこの例を入手した。http://philosophyfaculty.ucsd.edu/faculty/rarneson/167ExamplesNozick-1.pdf/〔現在このリンクは切れている。〕

(16) Nozick 1974, 74.〔邦訳 116〕

(17) Hansson 2003, 305. Hansson 2007; Schmidtz 2006, 207 も参照。

(18) 何が搾取となるのだろうか？ 搾取的な制度と規則は、誰かの境遇を良くする手法として一部の人々の境遇を悪化させる。より具体的には、搾取の標的の存在によって、その制度や規則は、一部の人々の境遇を良くする。したがって、性的暴行や強盗を禁止する規則は、性的暴行犯や強盗犯を搾取しない。なぜなら、性的暴行犯や強盗犯が存在することで誰かの境遇が良くなるわけではないからである。しかし、奴隷制を許可する規則は、奴隷とされた人を搾取する。その規則は、奴隷主の境遇を良くする手法として、奴隷とされた人の境遇を悪化させる。奴隷主は、搾取の標的の存在によってより良い境遇を享受する。Schmidtz 1995, 169–170 を参照。

(19) 例えば、Gaus 2010; Eberle 2002; Greenawalt 1995 を参照。

(20) 一部の正当化に着目するリベラルは、宗教的信念が公共的に正当化されていない限り、チャールズ〔おそらく誤植であり、クリスを指すと思われる〕は宗教的信念に基づいて投票すべきでないと主張する。彼らは正しいかもしれない。その場合、ここで私が提示した良い投票の要件の一番上に追加される条項として、この点を我々は受け止めることができる。

(21) ただ、私の予想では、宗教的投票者の圧倒的大多数がベティのようなもので、多くがエドワードのようで、一部がディヴィッドのようで、ごくわずかな人がクリスのようだろう。しかし、この点が間違いだとしても、その理由はおそらく有神論者の持つ論拠を私が誤解しているからだろう。

(22) Hardin 2004, 80; Manin 1997, 218–32 を参照。

(23) Gaus 2010. Rawls 1999, 135–136 を参照。

(24) Gaus 2010.

(25) Gaus 2010.

(26) Caplan 2007, 166–81; Less Moretti, and Butler 2004 を参照。

(27) ここで私は、ジェレミー・ウォルドロンによる表出的投票に対するヤン・エルスターの批判の要約を引用した。Waldron 2003, 317.

(28) 詩作は間接的に立法の結果につながりうると、反論する人がいるかもしれない。投票は、既に立法から一歩離れた行為である。詩作(や哲学)は、さらにもう一歩離れているだけだ。投票が立法者を選び、立法者が法を選ぶ。しかし、詩作者は世論を揺るがすのを助け、投票者が投票する先を決定するのを助ける。それゆえ、悪い法を称賛する詩を作るのは道徳的に悪いと言うことにも、私はコミットしているということを、これは意味しているのだろうか? おそらくそうではない。投票の立法にもたらす影響は、文を書くことが立法にもたらす影響よりはるかに大きい。詩を通した自分の好みの表明と誰かに統治の舵取りを委ねることの間には大きな違いがある。他方、選挙結果にもたらす影響のせいで特定の文を書くことは間違いでありうるということを私は喜んで認める。だが、ここではこの点は詳しく検討しない。

(29) この事例を提案してくれた、ジェフリー・ブレナンに感謝する。

(30) Brink 1986.

(31) J. Brennan 2008 は、道徳理論の第一のタスクとは意思決定の手法を生み出すことではなく、道徳に関する理論的な他の問いに答えるのと同様に、正しさの基準を識別する点にあると主張した。

(32) この段落に至る問いを提起したコリー・ブレットシュナイダーに感謝する。

(33) Christiano 2004; Brettschneider 2007.

訳注

[1] standard of care は医療水準と訳されることもあるが、ここでは、他の専門職や投票の水準にも関わることを踏まえて、配慮基準とした。

[2] 動機付けられた推論とは、事前に抱いた信念に基づいて、情報を選択、解釈することである。

[3] これら三種類の投票は『アゲインスト・デモクラシー』において、不道徳な選挙民・(全く知識を持っていない)無知な選挙民・非合理な選挙民として定式化されている。また、この定式化では、この三種類の選挙民に加えて、(無知ではないが不十分な知識しか持ってない)欠陥を抱えた選挙民と(自己利益のためにマイノリティを害する)腐敗した選挙民も追加されている(下巻三〇頁)。

[4] 集団としての義務は存在しうることに留意。個人として環境問題を解決する必要はないかもしれないが、集団として環境

問題を解決する義務はあるかもしれない。

[5] 第一段階で負担を負う人を抽選で決めて、第二段階において抽選で外れを引いた人に負担を押し付けることの問題はスキャンロン的契約主義の文脈で議論が蓄積されている。Frick, J (2015) "Contractualism and Social Risk", *Philosophy and Public Affairs* 43(3), pp. 175–223. はこの種の問題を「事前ルール（ex ante rule）(202)」と名付ける。フリックはこの問題に対して「分解テスト」を提案する。分解テストは、複数の段階を含むある行為を正当化する原理が、全ての段階で正当化されているかをテストする（205）。

[6] 薬の名前。喘息を始めとする様々な疾患に用いられる。副作用としては、血糖値上昇やうつ、長期投与時には認知症や白内障などがある。

[7] 同じ事例は『アゲインスト・デモクラシー』でも用いられている（下巻三四頁）。

[8] リスクの最近の政治哲学的研究としては、Oberdiek, J 2017 *Imposing Risk*, Oxford UP.; Kumar, R 2015 "Risking and Wronging", *Philosophy and Public Affairs* 43(1) pp. 27–51.; Frick, J 2015 などが挙げられる。これらのどれも、リスクの正当化条件として、リスクの負担を被る当人にとっての正当化可能性を提示する。この点で、これらの研究とハンソンは基本的な議論の方向性を共有する。

[9] 民主主義が表出するものの価値を検討する『アゲインスト・デモクラシー』第五章「政治はポエムでない」の議論と、投票が表出するものの価値を検討する本節の議論は微妙に異なる。『アゲインスト・デモクラシー』第五章でブレナンは、民主主義が全員に平等に投票権を与えることによって全員に尊重を示すという点で、民主主義が表出するものが民主主義の正当化となるという論証を批判する。本節のブレナンの批判は、投票は投票者の関心や自己表現の手段であるという点でどんな投票も正当化されるという論証に向けられている。

[10] 二〇〇八年カリフォルニア州で行われた同性婚の禁止をカリフォルニア州憲法の修正条項として組み込むかを問うた住民投票のこと。ここでは禁止への賛成多数で可決されたが、二〇一〇年の連邦裁判所の判決で合衆国憲法に対して違憲とされた。

[11] この文章はカント倫理学の「人を目的として扱え」が念頭に置かれている。

補遺I　囚人のジレンマ

囚人のジレンマゲームは、二人の容疑者が黙秘するか相手を裏切って自白するかという二者択一の選択肢を与えられた架空の筋書きから名付けられている。大まかに言って、ゲームは次のように進行する。二人のプレイヤーがいて、それぞれが協力か裏切りの二つの選択肢を持つ。彼らは同時に選択する。その利得は表3に図示される。

囚人のジレンマにおいて、協力は双方にとって有益なシナリオである。二人ともお互いに協力し、黙秘したままでいるなら、双方の境遇が良くなる。それにもかかわらず、もし両方のプレイヤーが自身の利益を最大化しようとするなら、協力は成立しない。双方は裏切りあう。プレイヤー1が裏切るのは、プレイヤー2の選択がどっちだろうと、裏切りによってプレイヤー1の利得が大きくなるからである。もしプレイヤー2が協力するなら、裏切ったときの利得の方が大きい。もしプレイヤー2が裏切るなら、協力してしまうと大きな損失を被る。よって、プレイヤー1にとっては、裏切って小さな損失を甘受する方が得策である。この点はプレイヤー2にも同様に当てはまる。プレイヤー2にとっても、プレイヤー1の選択と関係なく、裏切る方の利得が大きい。ゲーム理論の言葉を使えば、裏

表3

	プレイヤー2は協力する	プレイヤー2は裏切る
プレイヤー1は協力する	2は小さな利得を得る 1は小さな利得を得る	2は大きな利得を得る 1は大きな損失を被る
プレイヤー1は裏切る	2は大きな損失を被る 1は大きな利得を得る。	2は小さな損失を被る 1は小さな損失を被る

切りは支配戦略――他のプレイヤーの選択と関係なく最善な選択――である。囚人のジレンマが政治哲学者の興味を惹くのは、一見すると逆説的なことを示しているからである。すなわち、両方のプレイヤーが、自身にとって最良の結果に到達しようとする結果、最善でない結果に至ってしまう。

補遺II　コモンズの悲劇

土地には「環境収容力」、すなわち、その土地がずっと維持できる最大の人口があると生態学者は論じる。人口が土地の環境収容力を超過すると、資源は再生できるよりもより早く枯渇し、土地は荒地になり始める。

生態学者であるギャレット・ハーディンは、多くの異なる人々が土地を共有しているとき、「コモンズの悲劇」(1)と彼が呼ぶものにしばしば陥りうることを発見した。例えば、牧草地が一〇人の牧場主によって共有されていると想定しよう。それぞれが一頭の牛を持つ。この牧草地の環境収容力は、牛一〇頭分である——牧草地は一〇頭の牛を土壌劣化なしにずっと維持できる。環境収容力以下の牛しかいないなら、たくさんの草が生い茂ることになる。牛は十分な栄養を得て、それぞれが市場で一〇〇ドルで売却できる、土地から総計一〇〇〇ドルの収益が生じる。しかし、牧場主の一人が第二の牛を牧草地に追加すると決めたとしよう。牛は一一頭となり、土地の環境収容力を上回る。この時点で、牛の食べ物は不足し、牧草は枯れ始める。牛たちは十分な栄養を得ていないので、市場では一頭あたり八ドルでしか売れない。しかし、二頭目の牛を追加した牧場にとっては、これは良い取引である。彼は一頭で一〇ドルの収益から二頭で一六ドルの収益へと、収益を向上させた。しかし、他の全員は二ドルを失い、土地からの総収益は八八ドルとな（り、一〇〇ドルを下回）る。他の牧場はどうするだろうか？　彼らはおそらく、損失を埋め合わせるために牛を追加するだろう。しかし、これは結局、土地を全くだめにしてしまう。

　問題は囚人のジレンマに似ている。たとえ個人の牧場主が土地を維持したいと望んだとしても、彼はそうできない。なぜなら、彼はそれをコントロールできないからである。彼は他の牧場主が土地を濫用することを止められない。となると、彼は家族を養わないといけないので、彼自身も、他の牧場主の機先を制して土地を濫用しないといけないだろう。

注

（1）　G. Hardin 1968.

〔下巻に続く〕

柴田　龍人（しばた　りゅうと）
東京大学総合文化研究科国際社会科学専攻博士後期課程
専門：政治哲学
業績：「誰かに対する義務において要求は中心を成すか？：不確実性と人類の負う義務の観点から」『相関社会科学』第 32 号、2023 年。「契約主義的リスク論の意義と問題」『政治思想研究』第 25 号、2025 年掲載予定。

榊原　清玄（さかきばら　きよはる）
東京大学総合文化研究科国際社会科学専攻博士後期課程
専門：政治哲学・応用倫理学
業績：「無条件かつ一律給付のベーシック・インカムの擁護：平等な尊重の観点から」『社会と倫理』第 39 号、2024 年（阿部崇史氏との共著）など。

■著者紹介

ジェイソン・ブレナン（Jason Brennan）
2007年にアリゾナ大学でPh. D.取得後、現在はジョージタウン大学マクドノー・ビジネス・スクール教授を務める。専門は政治哲学、応用倫理、公共政策など多岐に及び、リバタリアニズムの有力な論客である。主な著作に、*A Brief History of Liberty*, Wiley-Blackwell, 2010（David Schmidtzとの共著）、*Libertarianism: What Everyone Needs to Know*, Oxford University Press, 2012、*Why Not Capitalism?*, Routledge Press, 2014、*Against Democracy*, Princeton University Press, 2016、*Debating Democracy*, Oxford University Press, 2021（Hélène Landemoreとの共著）などがある。また、*Routledge Handbook of Libertarianism*, Routledge, 2017の編者でもある（David Schmidtz、Bas van der Vossenとの共編）。

■訳者紹介

玉手　慎太郎（たまて　しんたろう）
学習院大学法学部政治学科教授
専門：倫理学・政治哲学
業績：『今を生きる思想 ジョン・ロールズ：誰もが「生きづらくない社会」へ』講談社、2024年。『公衆衛生の倫理学：国家は健康にどこまで介入すべきか』筑摩書房、2022年。「人生の意味が社会の変化によって失われるとき」『現代思想』52(4)号、2024年など。

見崎　史拓（みさき　ふみひろ）
名城大学法学部准教授
専門：法哲学
業績：「リーガル・リアリズムの感情言説は「ネガティブ」か？：フランクとルウェリンを中心に」『名城法学』73巻2・3・4号、2024年。「ルウェリンの法学教育論：その内実と限界」『法の理論』42号、2024年など。

投票の倫理学　上巻
——ちゃんと投票するってどういうこと？

2025年1月20日　第1版第1刷発行

著　者　ジェイソン・ブレナン

訳　者　玉《たま》手《て》慎《しん》太《た》郎《ろう》
見《み》崎《さき》史《ふみ》拓《ひろ》
柴《しば》田《た》龍《りゅう》人《と》
榊《さかき》原《ばら》清《きよ》玄《はる》

発行者　井村寿人

発行所　株式会社　勁《けい》草《そう》書房

112-0005 東京都文京区水道2-1-1　振替　00150-2-175253
（編集）電話 03-3815-5277／FAX 03-3814-6968
（営業）電話 03-3814-6861／FAX 03-3814-6854
平文社・松岳社

ISBN978-4-326-35194-7　Printed in Japan